宝赢 著

君子爱财 赚之有道 ——"点金术"思想的由来

逆向思维战股市
让利润奔跑

聪明羊点金术增强版

经济管理出版社
ECONOMY & MANAGEMENT PUBLISHING HOUSE

图书在版编目（CIP）数据

逆向思维战股市，让利润奔跑——聪明羊点金术增强版/李宝赢著. —北京：经济管理出版社，2018.1

ISBN 978-7-5096-5634-1

Ⅰ.①逆… Ⅱ.①李… Ⅲ.①股票市场—基本知识 Ⅳ.①F830.91

中国版本图书馆 CIP 数据核字（2018）第 015916 号

组稿编辑：杨国强
责任编辑：杨国强 张瑞军
责任印制：黄章平
责任校对：张晓燕

出版发行：经济管理出版社
　　　　　（北京市海淀区北蜂窝 8 号中雅大厦 A 座 11 层　100038）
网　　址：www. E-mp. com. cn
电　　话：（010）51915602
印　　刷：玉田县昊达印刷有限公司
经　　销：新华书店
开　　本：710mm×1000mm/16
印　　张：12.25
字　　数：168 千字
版　　次：2018 年 3 月第 1 版　2018 年 3 月第 1 次印刷
书　　号：ISBN 978-7-5096-5634-1
定　　价：38.00 元

大道至简，熟能生巧

——"点金术"系列丛书再版前言

读者：李老师，您的点金术系列丛书我都买了，简单扼要，通俗易懂，解开了我许多操作中的困惑，坚持采用书中几个自己理解比较透彻的方法，用在股票和期货中，都很实用。谢谢您！

答：别客气。把自己多年的思考成果拿出来和全世界的读者交流，也更加深入、更加系统化了我的操作思路，也更加知其然和知其所以然。写作不仅能够让自己更加沉静，更加独立思考，而且更加能够提升专业水平。在此感谢所有喜欢点金术系列丛书的读者们，也祝福您投资顺利，生活愉快！

自我的点金术系列丛书出版以来，世界各地读者的纷纷来信予以肯定，给予了我写作实战类书籍很大的信心。读者们把操作心得和我交流，也有人希望我推荐他们进入专业私募行业做操盘手，当然合适的我也会推荐。予人玫瑰，手留余香。我的学生和读者从事私募及投资管理公司的不少，在他们成长的道路上，我曾经担任了传道授业解惑的角色，也挺有成就感的。相信未来还会有更多的朋友共同交流。新修订的系列丛书，增加了读者按照书中方法操作时遇到的种种困惑，以及我从技术层面对具体个股进行的剖析。如果第一批读者再看本书，相信会更加深入、更加明白实战中的思维逻辑。所以说，本书应该是第一本书的升华，我建议买第一本书的读者再买这本书，相信会带给读者更多的收获。

自　序

问：李老师，您大学学的是英国文学，现在转行做金融投资，跨度这么大，您是怎么坚持走过来的？

答：文学，我所爱也，金钱（笑），我也爱也。所谓，穷则独善其身，富则兼济天下。天下兴亡，匹夫有责。如果我们自己都不能达到温饱，又怎么能够帮助那些需要帮助的人？偶然的机会，我看到波浪起伏的图表，被它看似毫无规律的变化迷住了。既然这世界上有金融家，有这个行业，肯定里面有科学的规律。好奇心和探索欲让我走进了这个行业，真的非常有趣，这个行业满足了我热爱自由、渴望实现心灵自由、财务自由，以及时间自由的多个梦想，因此，风风雨雨的，我走过了10个春秋。

像上面的问话，我听过很多次，也回答过很多次。关于金融投资的话题，很多人一提起来，总是愁眉不展，或者是谈虎色变，似乎这是一个可怕的黑洞，可以葬送无数的资金，也似乎是一个贪婪的吸血鬼，可以无限地榨干投资者的血汗。是的，这是一个挑战性极强的市场，考验的是参与者的勇气、智慧、耐心和纪律。贪婪、恐惧、犹豫是人性的弱点，让很多人在面对机会或者陷阱的时候，头脑发热，不能很好地选择，要么把机会看作陷阱，要么把陷阱看作机会。总之，有时候对，有时候错，弄得晕头转向，不知道如何进退。因此，帮助那些想在金融市场上实现人生梦想的人，让他们能够有正确的投资思路，一直是我的心愿。

"不识庐山真面目，只缘身在此山中。"多数赔钱的人，是特别爱钱的人。爱，是没错的，但因为爱，让他们患得患失，有时候把石头当金子紧抓不放，有时候又把金子当石头随便扔。如何识别金子和石头，就是我创立"点金术"投资思想的原因。万事万物，一定有其中变化的规律，金融市场是一个人为的市场。在这个生物链里，我们要跟随位于生物链高端的领跑者，才是生存壮大之道。因此，我在许多场合讲课的时候，喜欢用鲨鱼比喻猎食者，而大鱼吃中鱼，小鱼吃鲨鱼嘴巴漏出的碎肉。中小散户，一定要跟随在鲨鱼后面，而不是前面，也就是说，我们只能是看图操作，而"作"图的人，也就是走在图表前面的人，就是市场上大资金拥有者。他们开道，我们跟随，并且不贪不躁，准备随时开溜，这才是我们小鱼的生存之道。基于此思想，我总是告诉我的学生，要仔细研究图表，因为图表反映一切，反映了猎食者。比如，头狼、头狮的作战思想。纷纷扰扰的小道消息，只能干扰我们的思想，让我们无所适从，在慌张迷乱的时候沦为牺牲品。因此，我的"点金术"，也可以叫作

"看盘术"，只要看图，找准市场主宰者的脉络，想赚到成千上万，蛇吞大象，蚕食鲸鱼，小投资者变成大富贵者，也就是不难的事情了。

目　录

寻宝图一

石从山上滚，越往下"挡石"越大

1. 智慧种子

市场上永远都是买卖双方在比拼，输钱的一方送钱给盈利的一方。就资金实力、基本面信息、人才等诸多方面，大"鱼"总比小"鱼"有优势，或者说，"狼"总比孤独的"羊"有优势。作为个人投资者，如果要从"狼"口中夺得一些口粮，必须要站在"狼"的位置思考问题，逆向思考，方能醒悟。

2. 一般逻辑

股票在下跌的初期，应该是成交量最大的，因为获利者更倾向于在高位置大量抛售，这样获利才最大；散户如果在高位置套

牢、不忍心割肉的话，那么在中间逃跑的量也应该是最多的。根据这个逻辑，似乎在股票下跌近乎腰斩的时候，主动卖盘应该越来越少才对。也就是说，成交量也应该越来越少。但是，我们从图 1-1 中看到的却是：在股票价格腰斩一半还多的时候，成交量却越来越多，就是说，价格越低，成交量越大。就好像巨石从山上滚落，越往下滚，遇到的阻力越多，直到最后，滚不动了，停止了。但那么重的石头，怎么又向山上滚动呢？它自己是不可能向上滚动的，一定有外力在向上推。它是谁？为什么这样做？

3. 逆向思维实战案例

● 锡业股份（000960）季线图（见图 1-1）

（1）股票价格从最高价 102 元开始，整整跌了五个季度，在跌到 37 元的时候，也就是下跌了两个季度后，在腰斩一半还多的时候，从第三季度开始，成交量却越来越多，也就是说，价格越低，成交量越大。

（2）逆向思维：谁在低位大量买入？谁又在大量卖出？如果用狼和羊群比喻，聪明的狼在买，而迷途且盲目恐惧的羊群在卖！

（3）狼大量买，目的是为了高价卖！既然他买那么多，肯定要拉高卖！那么，什么时候狼开始拉高呢？

（4）在季线图上，出现了放大量，大阳 K 线吞阴 K 线的时候，就是狼开始拉车的时候。并且大红阳线配合巨大成交量，如此招摇，分明是招呼其他精通技术分析的人一起抬轿。这样大张旗鼓，更说明他的"货物"早在车上了，赶快偷偷地买货搭上他的车，偷着乐吧。

（5）狼会走多远？不能太贪心。至少到他开始偷偷买入的价格，也就是倒数第三根阴线的位置（保守起见，也就是到了 K 线中间的位置）。否则，他不就亏本了吗！

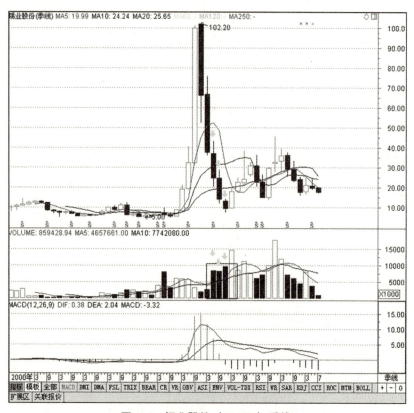

图1-1　锡业股份（000960）季线

● 包钢稀土（600111）季线图（见图1-2）

（1）股票价格从最高价63元开始，整整跌了五个季度，在跌到30元左右的时候，也就是下跌了两个季度后，在腰斩一半左右的时候，从第三季度开始，成交量却越来越多，也就是说，价格越低，成交量越大。

（2）逆向思维：谁在低位大量买入？谁又在大量卖出？如果用狼和羊群比喻，聪明的狼在买，而迷途且盲目恐惧的羊在卖！狼大量买入，目的是为了高价卖出！既然他买那么多，肯定要拉高卖！那么，什么时候狼开始拉高呢？季线图1-2上，出现了放大量，大阳K线吞阴K线的时候，就是狼开始拉车的时候。并且大红阳线配合巨大成交量，如此招摇，分明是，招呼其他精通技术分析的人一起抬轿。这样大张旗鼓的，更说明他的"货物"早在车上了。赶快偷偷地买货上车，偷着乐吧。

（3）狼会走多远？至少到他开始偷偷买入的价格，也就是倒数第三根阴线的位置（保守起见，也就是到了K线中间的位置）。否则，他不就亏本了吗！

当然，因为稀土的珍贵性，获利者在上升中更是放巨量买进，量更超过下跌中的任何单季量，这辆车，看来还可以坐久点哦，"贪心"也是有道理的。

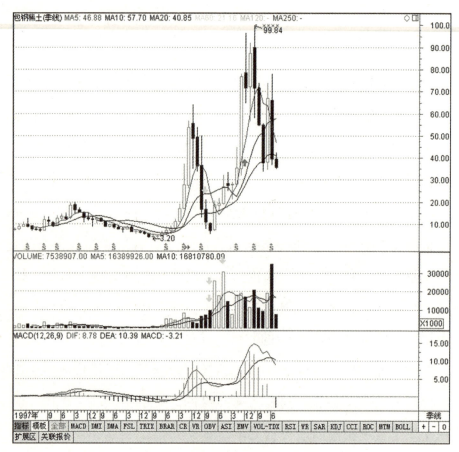

图 1-2 包钢稀土（600111）季线

● 类似的例子（见图 1-3~图 1-6）

五粮液（000858）、伊利股份（600887）、爱使股份（600652）、中青旅（600138），聪明的读者可以找到很多这样的股票。

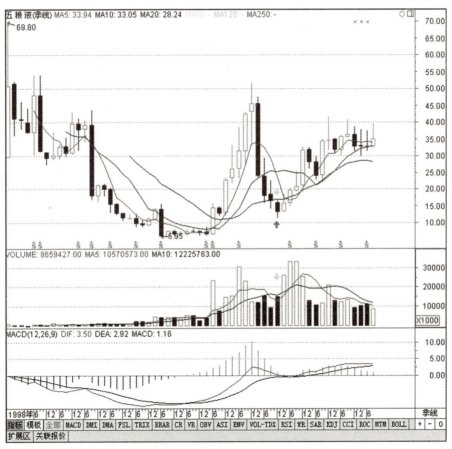

图1-3 五粮液（000858）季线

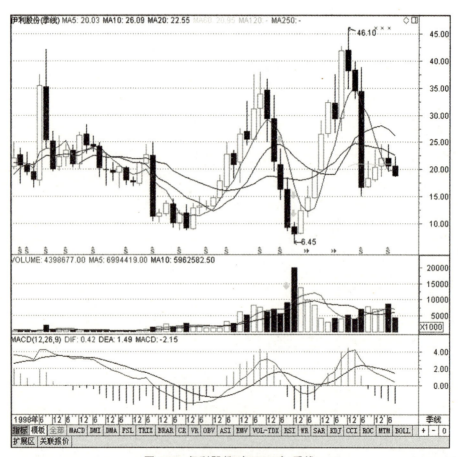

图1-4　伊利股份（600887）季线

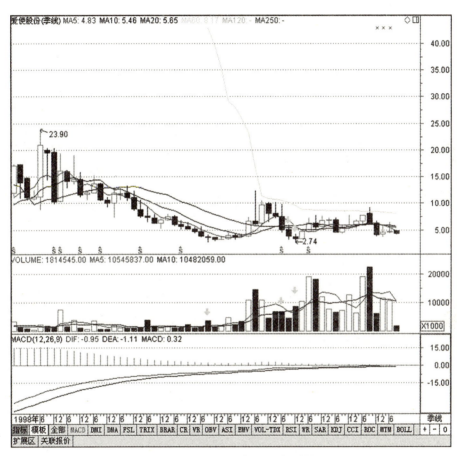

图 1-5　爱使股份（600652）季线

图 1-6　中青旅（600138）季线

寻宝图一　读者反馈操作实例

● 国农科技（000004）季线图（见图 1-7）

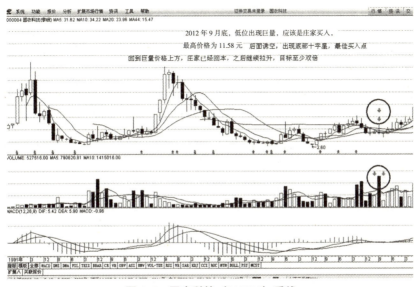

图 1-7　国农科技（000004）季线

读者（2014 年 8 月）：李老师，国农科技（000004）这只股票，我观察这几年的走势，如果根据《聪明羊点金术》的逻辑，逆向思维来看，我谈几点看法，请指教，谢谢。

（1）2012 年 9 月底，低位出现巨量，应该是庄家买入。最高价格为 11.58 元。

（2）之后庄家继续打压，但下降不多，就反身向上。目前回到 14 元左右。我在 9 元附近买入，已经赚了 40% 多了，这个要感谢您书中提到的逆向思维方法。您接下来怎么看这只股票呢？

答：首先恭喜您知行合一，勤奋坚持。由于庄家操作股票，经常持久埋伏，我们必须要长时间周期性地研判庄家的意图和动向。阳线和阴线、蜡烛，不能简单看高低，更应该研究它们背后代表的含义。

（1）这只股票，从年线看，2004 年放出巨量，最高 14.5 元，后面继续下跌，2006 年全年窄幅度震荡横向，出现十字星，是底部信号。如图 1-8 所示。

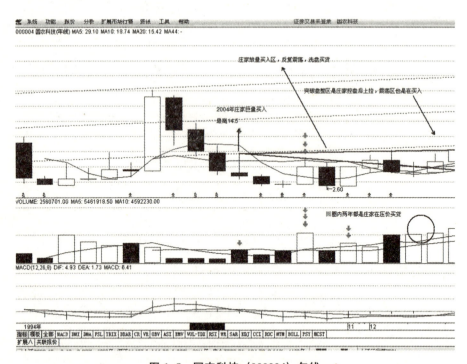

图 1-8　国农科技（000004）年线

（2）2007年底部拉起，回到13.01元，接近2004年的最高价附近，从庄家的角度说，只能算是接近回本，但回本不可能是庄家的目的。所以，只能把2007年的阳蜡烛定义成庄家买货。注意，2004年一年是买货，2007年一年又是买货。所以，2004~2007年庄家都是买货，可以说买了三年，这三年都是庄家买货区域。

（3）2008年大阴线，是庄家出货了吗？还没有赚钱怎么就出货了呢？显然不可能，所以定义成庄家打压，目的是为了再次低位买货。

（4）2009年再次是阳线，最高10.13元，仍然没有达到2004年庄家买货的价格14.5元，庄家仍然没有赚到大钱。所以，这个阳线定义成庄家再次买货。

（5）2010年最高价13.95元，同上一样，这个阳线定义为庄家买货。

（6）注意：庄家有几个买货的阳线？2007年、2009年、2010年三年都是庄家买货，图中的2012年和2013年也是压低买货。那么你说它的目标会是多少？14.5元的双倍是29元，再加一半，43元？

（7）因为具体问题要具体分析，我一般不会建议投资人预测，包括目标预测。

（8）为了保险起见，如果您本金巨大的话，我建议您把本金抽出，让利润奔跑，看能否升到43元？

备注：后面读者采纳了我的意见，坚持把利润再投资，看到了股票价格到达43元。此为后话，不再赘述。如图1-9所示。

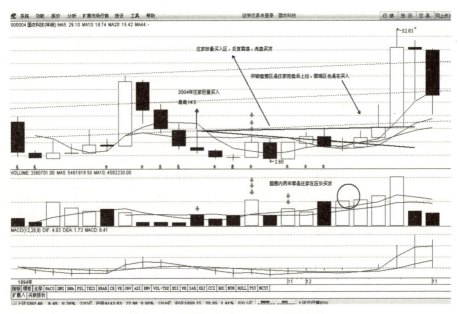

图1-9　国农科技（000004）后续年线

● 东方财富（300059）季线图（见图1-10）

读者（2014年6月）：李老师，东方财富（300059）这只股票，我观察它的季线图走势，如果根据《聪明羊点金术》的逻辑，逆向思维看，我买进了这只股票，但现在挺后悔的，请指教：

（1）2013年6月到9月底，连续两个季度低位出现巨量，应该是庄家买入。最高价格21.79元。如图1-10所示。

（2）之后价格上升到最高25.97元，我认为庄家赚得不多，应该没有出货。我在24元左右买入，本来有赚的，但是没走，现

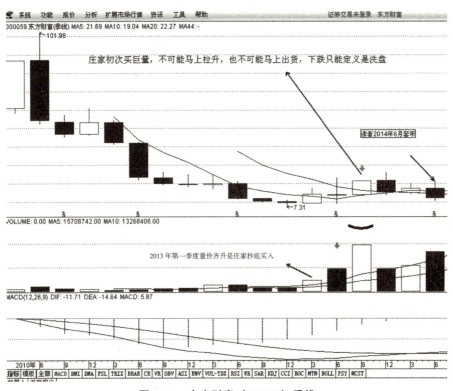

图1-10　东方财富（300059）季线

在价格12元，处于套牢状态，挺后悔的。早知道赚了就走了。现在我该怎么办？

答：首先要肯定自己没有盲目操作，而是按图索骥，有所依据。对于你的困惑，我想分层次谈下面几点：

（1）由于庄家操作股票，经常持久埋伏，我们必须要长时间周期性地研判庄家的意图和动向。逆向思考一下，你发现了庄家买货，那么你也跟进买了，如果庄家刚买就卖，那么首先他买的够不够多呢？买的时间够不够长呢？两个季度，您认为庄家能否买够了呢？所以，首先定位你自己是长线交易，还是短线交易。

根据季节图操作，显然应该是长线操作的思路。短期内套牢，不需要太过在乎。

（2）庄家要买够，才会拉升，对吗？仅仅两个季度，您认为庄家能买够吗？

（3）回答肯定是不能。那么，庄家为了买到低成本的货，必须把价格打压到不能再低的位置，什么时候？那就是没有人再主动卖出的时候。如何界定？那就是成交量非常少的时候。

（4）我们看，2013 年 1 月到 3 月底，出现了价量齐升的阳线蜡烛，这个蜡烛可以说是在前面三个季度几乎是地平线成交量的情况下出现的，这符合了上面说的逻辑。没有人再主动卖出了。我们说，要想成交，必须是有人卖出，才能成交，没人卖，出再高的买价，也不能成交。所以说，地平线成交量，连续三个季度都这样，接着出现的带量阳线蜡烛，应该是庄家抄底买入。这个蜡烛前面的最低点为 7.31 元，可以说应该是底部价格了。如图 1-11 所示。

（5）你上面说在 25.97 元的时候没卖出，实际上你不太可能卖在最高位置，因为你不是神仙。假设庄家从 7.31 元的底部到 25.97 元，四个季度一直在收集筹码，再加上 2013 年 5 月 17 日 10 送 10 的高送转，庄家应该是收集了一定的筹码。如果你自己是庄家，你会直接拉升吗？你会不会赶走跟风者，再趁机买下他们被吓出的筹码？

（6）2013 年第四季度的阴线，如果理解成庄家洗盘赶走跟风

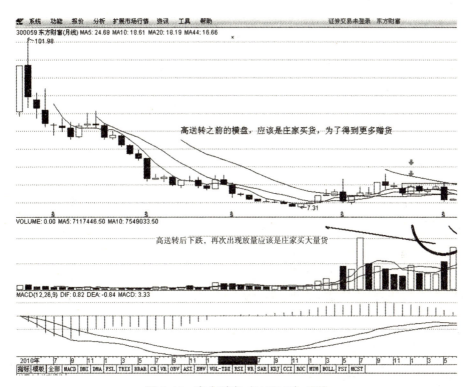

图1-11　东方财富（3000059）月线

者，那么他会洗到什么位置？应该不会低于前面说的底位7.31元，那么在7.31~25.97元，具体应该是什么位置，才可以理解成庄家洗盘到位了？

（7）再一次逆向思考：散户和庄家刚好相反，越是上升，散户越买，越是下降，散户越卖，如果在低位，大的成交量是否可以理解为散户卖出，而庄家买进呢？在这场游戏中，散户在明处，庄家在暗处，在散户蜂拥逃命的时候，庄家正好可以买进，这个位置在哪里？应该就是低位巨量出现的地方。如图1-12所示。

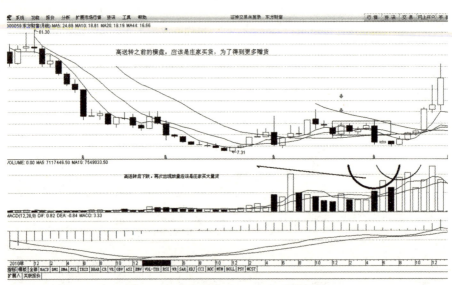

图 1-12　东方财富（300059）后续月线

（8）你有没有注意到，2014 年 5 月发布了高送转方案，之前的几个月是横盘走势，这是否可以理解为庄家买货，目的是为了高送转赠货？这个是不难理解的。因为，庄家掌握的信息多，可以在高送转消息之前，就提前布局。

（9）高送转公布之后，价格不升反而下跌，不是掩耳盗铃吗？因为，庄家手里拿了那么多货，价格没有抬高，庄家并没有出货，反而价格下跌，这不是反常吗？

（10）如果散户糊里糊涂拿到了赠货，看到价格下跌就抛货的话，只能是白拿了赠品，一点便宜也捞不到，而且可能还亏了，真正叫作白跑。

综上所述，你愿意做那个白跑而且亏钱的傻瓜吗？

备注：读者采纳了我的建议，高送转后下跌，再次放量的时候加码买进，并一直拿着这只股票，直到超越了 25.97 元，按照 2013 年第三季度最高价 21.79 元的一倍计算，他至少拿到了 45 元。

寻宝图二

小"S"的传说

1. 智慧种子

白送的东西，谁都喜欢，但是因为量多了，价格却相应下跌了，总价值没有什么变化，相信也是空欢喜一场，没感觉。但如果有能力把价格抬高，高到送东西之前的价格，那可是大赚了。老百姓的逻辑就是这么朴实的"贪念"，"狼"也同样想到，而且，狼有能力办到，就一定会做到。这就是所谓的高送转行情。在图上，就是经常出现的很多的小"S"。

2. 一般逻辑

原来有 2000 斤苹果，价钱是一元一斤，总价值是 2000 元，但是，现在价格下降到每斤 5 毛钱，数量却增加到 4000 斤。其实，总价值是没有变化的。那么，如果能把价格拉升到每斤一元，总价值就会升到 4000 元，等于利润增加一倍。一只股票，如果每 10 股送转股比例 10 股，就是同样的情况。白收到那么多的股票，数量增多了，但是价格也相应地下降了。如果你是"被送者"，你一定想恢复到送转股之前的价格。否则，送转股票和不送转股票，又有什么实质的好处呢？既然"白白"收到这么多的量，那么就应该有人会想办法把单价也提上去。但是，奇怪的是，高送转以后，股票却一路下跌，那么，手中握着大量股票的"被送者"，不是很不划算吗？

3. 逆向思维实战案例

● 康恩贝（600572）季线图（见图 2-1）

（1）2008 年 4 月 15 日，康恩贝股票每 10 股送转股比例 8 股，股票价格从送转前的 20 元左右下降到最低 4 元，本来，送转后的价格在 11 元左右的，怎么就跌到这么不值钱的地步了？如果

图 2-1 康恩贝（600572）季线

你是"被送者"，你不心疼吗？那可是他的宝贝孩子啊！想当初，还不如就在 11 元左右卖了呢。但是，如果在这里就卖出了，干吗还要这么多送转股？送了不是等于没送吗？何况，落花有意，流水无情，获利者即使想卖出，还不一定有人买呢。所谓落毛的凤凰不如鸡，看到如此大的阴线，不明白的散户股民，唯恐避之不及。当时，金融危机爆发，大盘大跌，谁敢接这下落的刀子呢？好了，卖不出了吧？好，我就等着，干脆，我再少卖一部分，把价格打压得更低，让那些在车上的，统统下车，而我还可以趁机再多买些便宜货。最后，车上就只有我了，那我想怎么开就怎么开！这样，我就可以控制车的方向了。当然，我也要忍得住，心急吃不了热豆腐。终于，我等来了大盘企稳的时候。看到那个放大量的底部红陀螺了吗？那就是我发动总进攻的红色旗帜。技术分析的高手们，一看到这个旗帜，就会"帮忙"把价格拉上去。

（2）狼大量持货，目的是为了高价卖！既然他能控制方向，肯定要拉高到最大利益化的水平！那么，什么时候他开始拉高呢？

（3）季线图上，出现了低位置（最高价打三折甚至更低）放大量，阳 K 线吞掉阴 K 线的时候，就是狼开始拉车的时候。赶快偷偷地把货放上车，让狼拉去一起卖了吧。

（4）狼会走多远？至少到狼收到好处前的水平，也就是送转股票前的水平，那时候，你也该满足了吧。总不能比狼还贪心吧。

● 天坛生物（600161）季线图（见图 2-2）

（1）2008 年 5 月 9 日，天坛生物股票每 10 股送转股比例 5 股，股票价格从送转前的 22 元左右下降到最低 8 元多，本来，送转后的价格在 12 元左右，但跌了这么多，被送者肯定会心疼的。是不是在反弹的时候，他已经早卖出去了呢？不可能，因为这么大的量，在当时，金融危机爆发，大盘大跌，谁还敢接那么

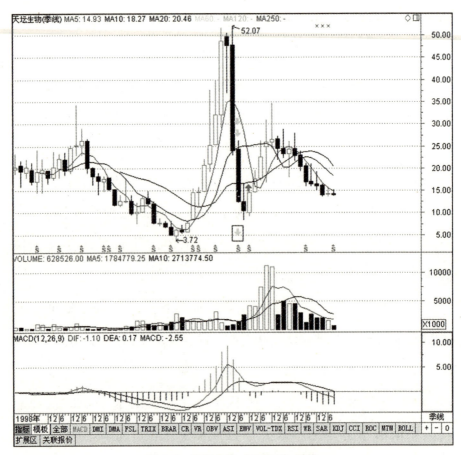

图 2-2　天坛生物（600161）季线

多呢？再说，从 12 元左右反弹到 16 元多，被送者是不可能赚这么少就走的，这不符合他贪婪的性格。那么，被送者没走，价格下降，不是很不划算吗？

（2）被送者手抓存货不卖，价格却下降，可以解释的原因只能是：下降是被送者主动造成的。他少卖一部分，把价格打压得更低，让那些还在车上的统统下车，他也趁机再买点便宜货。最后，车上就只有他了，那他就可以控制车的方向了。当然，狼之所以是狼，那就是他比一般散户能忍得住，而且更加清楚全局，只有等待大盘企稳、时机成熟的时候，他才从壕沟里跃出，发动真正的冲锋。

（3）狼大量持货，目的是为了高价卖！既然他能控制方向，肯定要拉高到最大利益化的水平。那么，什么时候他开始拉高呢？

（4）季线图上，出现了放大量，阳K线吞掉阴K线的时候，就是狼开始拉车的时候。赶快偷偷地把货放上车，让狼拉去一起卖了吧。

（5）狼会走多远？至少要到狼收到好处前的水平，也就是送转股票前的水平。

● 类似的例子（见图 2-3~图 2-5）

达安基因（002030）、莱茵置业（000558）、东力传动（002164），聪明的读者可以找到很多这样的股票。

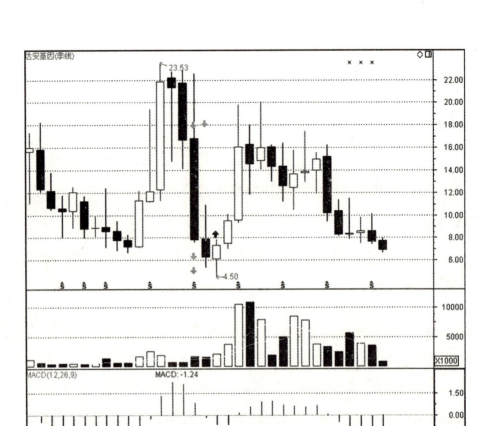

图 2-3　达安基因（002030）季线

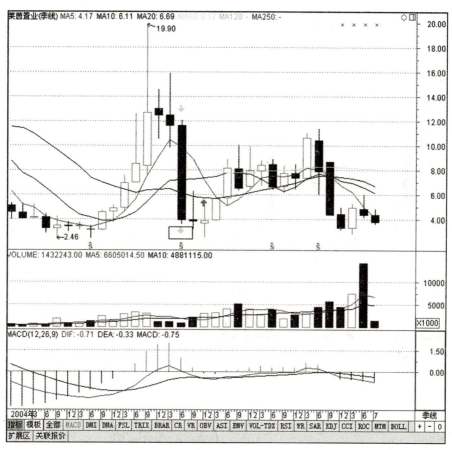

图 2-4　莱茵置业（000558）季线

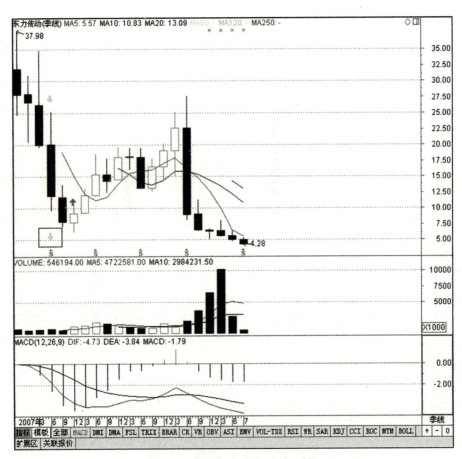

图2-5 东力传动（002164）季线

寻宝图二 **读者反馈操作实例**

● 同仁堂（600085）日线图（见图 2-6）

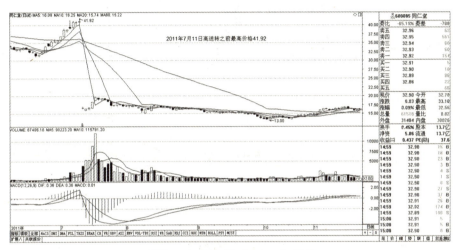

新图 2-6 同仁堂（600085）日线

读者（2014 年 3 月 18 日）：李老师，同仁堂（600085）这只股票，根据《聪明羊点金术》里面小 S 的传说，从逻辑分析角度，我有点困惑，请指教，谢谢。

（1）2011 年 7 月 12 日，每 10 股送 15 股。

（2）之后一直下跌，到 10 月出现了小阳线蜡烛。

（3）按照您书中的逻辑，我在这里买入，价格在 15 元左右，非常感谢您，我开始赚钱了。

（4）2013 年 5 月最高冲到 25.30 元，我每股赚了 10 元，我都没有卖出，因为高送转之前的价格最高是 41.92 元，我想等待这个价格。图 2-7 为同仁堂（600085）季线图。

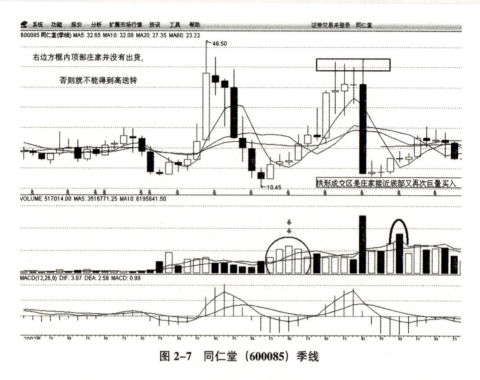

图 2-7　同仁堂（600085）季线

（5）今天价格最高是 18.5 元，我还是有赚，但我现在有些困惑，不知道这只股票接下来怎么办。

答：首先我挺欣赏您的耐心。"不见兔子不撒鹰"，您在看到了高送转之后，没有立刻行动，而是耐心等待观察，技术上出现了小阳线蜡烛的时候才介入，这是一般投资人不太容易有的耐心。关于这只股票，我想谈几点看法：

（1）首先，观察一只股票，必须要长周期看。所谓不识庐山真面目，只缘身在此山中。过于短周期的看，很可能眼花缭乱。何况庄家要运作一只股票，必须买够了筹码才会拉升。而这个周期要长达几年的时间。

（2）如图 2-7 所示，2008 年底到 2009 年全年四个季度，也就是图中圆圈中的巨量，应该是庄家在底部买进。为什么说这里是底部？逆向思考，只有底部庄家才会巨量买入。这个底部最低价格是 10.45 元。

（3）然后股价一直上涨到最高 41.92 元（途中方框区域）。

（4）逆向思考：41.92 元的位置，庄家出货了吗？

（5）应该没有，否则不会有后面的 10 送 15 的高送转。

（6）简单吗？庄家并没有走！

（7）从 41.92 元价格开始，经过高送转后，又下跌到最低 12.88 元，这个过程中，庄家获得了更多的股票，并且没有走。

（8）这波下跌如何理解呢？应该理解成他的故意打压行为，目的是低位拿到更多的货物，甚至说，掩盖他已经买入巨量的信息。可以说，庄家已经是身怀六甲，但还故意要隐身。

（9）注意：它要打压到什么位置才停手呢？

（10）首先，应该不会低于圆圈中巨量买入的位置，因为不是底部，他不会巨量买，买了后，这里又是他的成本区，更不可以打穿他的成本区。

（11）在接近 10.45 元价位附近，如果出现放量阳蜡烛，就可以判定庄家要反身上推了。

（12）图 2-7 中，拱形区域，放量区价格为 16 元左右。这里应该是庄家再次巨量买入的区域，可以说，又是他的一个新的成本区。

（13）逻辑上推定，你没有走到那个山顶下来，是庄家有意的打压行为，到这个新的成本区附近，应该会止跌拉升。

备注：同仁堂后来果然在 2014 年 6 月底出现了见底意义的小红十字星。并且从这里一直向上，读者坚持到 41 元才卖出。如图2-8 所示。

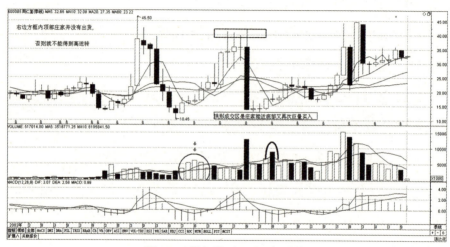

图 2-8　同仁堂（600085）季线

● 全通教育 300359 日线图（见图 2-9）

读者（2014 年 7 月 22 日）：李老师，全通教育 300359 日线图这只股票，根据《聪明羊点金术》里面小 S 的传说，2014 年 5 月20 日，10 送 5 高送转，之后我在 5 月 23 日买入，价格是 38 元，一直拿到高送转之前的价格是 54 元。本来赚得挺多的，但后面它又继续上涨，我忍不住又在 6 月 27 日买入，价格 70 元。现在

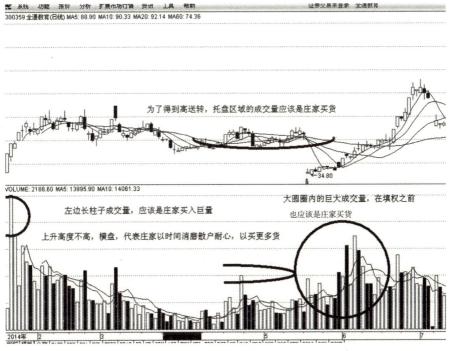

图 2-9　全通教育 (300359) 日线

它下跌了，今天 7 月 22 日，最高价格是 57.9 元，目前是套牢亏损状态。心里挺后悔的，高送转的行情赚到了，但这次却是亏损状态。您能帮我分析一下吗？我该怎么办？

答：首先要给自己点一个赞，成功地操作了前面的高送转行情。这次的追高，属于贪婪心理引起的，是没有遵守纪律。我一再强调，投资需要理由，有理才能走遍天下，才能不沦为赌博行为。目前的位置，你该怎么办？我想也不必过于悲观。我们先理性地分析一下，关于这只股票的逻辑：

（1）看全通教育 (300359) 日线图，我们看到左边巨大的成交量，那是新股刚上市的时候放出来的，你说这是庄家买进还是卖出？我认为是买进。散户巨量抛，庄家巨量买入，因为新股上市不可能有这么多的散户"齐心"同一天买入，如果这么"齐心"，那么这个"散户"就不是一般意义的散户，而是散户集合体，是巨大的散户，可以说是庄家了。

（2）巨量成交量的时间是 2014 年 1 月 22 日，当天最高价格是 48.74 元。

（3）后面价格最高到 64.8 元，时间是 2014 年 3 月 7 日。真是让人生气的日子。这一天是高开低走的大阴线蜡烛。我把这个蜡烛叫作凌空飞鱼，为什么？这是跳出水面的黑鱼！

（4）这条黑鱼的出现，让人瞩目、让人兴奋，也让人后悔，因为没有获利走开的话，后面就后悔了。注意：这条黑鱼是有巨大成交量的。有人据此认为，庄家走了，放量卖出。

（5）庄家真的走了吗？要回答这个问题，首先要分析，庄家的买货时间是否够长，买货量是否足够。从 1 月 22 日到 3 月 7 日，一个半月的时间，显然不够长；48.74~64.8 元，16 元左右的利润，显然不可能是庄家想要的利润空间。所以，可以判定，凌空黑鱼，不是庄家出货，而是庄家吓唬散户而出的"幺蛾子"，是刻意虚张声势地虚晃一枪。

（6）接下来，我们看到，2014 年 5 月 20 日，10 送 5 高送转，为了得到高送转，图中托盘标出的区域属于横盘状态，这个区域的成交量应该是庄家买进，而散户经不住横盘波动的时间消磨，卖出的筹码被庄家耐心地买进。因为庄家的信息比散户灵通，他应该知道后面有高送转。

（7）这里讲一下，为什么横盘而不是向下挖坑以获得散户的筹码？因为庄家也是大腹便便，身怀六甲，它本身买了许多货物，向下挖坑，价格下跌，对它自己也不利。所以，它就采取横盘震荡的方法，消磨散户的耐心，迫使他们交出筹码，而庄家就耐心地吃进，为了后面的高送转赠送，以及为了后面的拉高获利！

（8）我们看到，高送转后，股价没怎么下跌，就开始填权行情了，也就是你买进获利的这一波。前面提到的凌空黑鱼，如果是虚晃一枪的话，就不会是阻力。果然，这个平山顶被超越了，这就是你再次进入的原因。散户的想法很多时候与此类似，就是超越山顶的时候，会认为继续上涨而纷纷跟进。如同你一样。

（9）但庄家是站在对立面上的，散户跟进的时候，你认为它会仁慈地继续拉升，让散户盈利吗？应该不会。这时候庄家会反身向下，赶走跟风者，所以超越前面山顶的时候，它不会拉很高。散户跟进，只能获利很小，如果短期利益没有兑现，庄家向下打压的时候，就会套牢，接着心里就会七上八下，悔恨不安。而这个挫败的心理，也是庄家想要的。打垮散户的信心，让他们低位割肉，庄家才能高抛低吸，并且在低位区，尽量赶走跟风者。

（10）好了，超越前面横向山顶后的下跌，我们现在判定庄家这一波下跌是洗盘，或者刻意打压，那么止跌的位置在哪儿？或者说，庄家会打压到什么位置？

（11）逻辑上，高送转后拉起的这一波行情的最低点是 34.80 元，是不应该跌破的，因为这是庄家拉起的位置。为什么这里它会拉起？因为这里是底部，或者是庄家认为没有必要再继续下跌的位置，或者庄家看到，已经没有什么散户再主动抛出了，总之，这里是庄家拉起的位置、洗盘的位置，不应该跌破这个位置。

（12）另外，前面分析了那么多庄家买货的成交量，可以归纳到一个长方形的空间，价格大概处于这个长方形的高度的一半的位置。

（13）还有，庄家在这段时间收集筹码，应该有一个平均的成本。从 2014 年 1~6 月，它都在收集筹码，那么是不是说这 5 个月的平均成本就是它的成本呢。

（14）综上所述，这一波洗盘应该处于平均线和黄金分割 0.5 的位置，也就是 58.18 元附近，你买进的价格就在这附近。所以，你不用太担心。

（15）由于庄家买这么多货，这里又是第一次回撤到成本区，拉起的话，再次回到这里的位置不太可能。所以，这里可以是加仓的位置。

（16）由于庄家的成本价格区间介于 35~70 元，也就是 35 元左右，在超越 70 元后，我建议你把目标价格定成 70+（70-35）= 105 元。

备注：读者耐心拿到了 100 元左右，后面又听从了我的建议，把本金抽出来，用利润奔跑，后面利润又翻了一倍。后面走势请看图 2-10。再后面走势请看图 2-11。

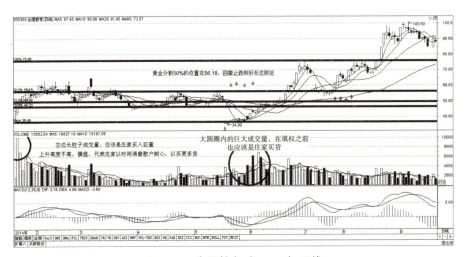

图 2-10 全通教育（300359）日线

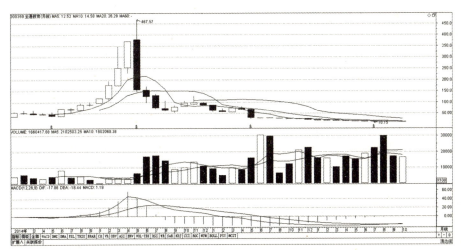

图 2-11 全通教育（300359）月线

寻宝图三
美妙的小山顶

1. 智慧种子

会看，看门道，不会看，看热闹。在 K 线图上，一浪高过一浪，或者一浪低过一浪，告诉我们什么玄机？什么"风"掀起了这些浪？大浪、小浪，或平静、或喷发，告诉我们什么信息？顺藤摸瓜，顺瓜找根。透过现象看本质，万变不离其宗。南瓜地里，有的"瓜"是明显裸露在外面的，容易发现，"根"则要我们细心寻找。找到了根，就可以找到另外的瓜。

在 K 线图上，用肉眼容易发现的"瓜"，其实就是：山谷，山顶，巨大的单独量柱，绵延横亘的河床，两次假"撤退"等。这些狼的脚印，其实已经出卖了它。这里，我们详细解说"小山顶"。

2. 美妙的小山顶逻辑

（1）在 K 线图上，我们能看到很多的山顶。这里说的是"小山顶"。是的，股票价格从较低的位置升起来，幅度却不高，一般不超过 2 倍，然后回落，形成的山顶。假如，这个小山顶的价格是最高点，那么，它应该后来不被超越。但如果它被超越了，那么，证明它不是最高点。

（2）如果它不是最高点，那么，说明在超越这个眼前的山顶位置之前，"狼"并没有跑掉，它一定有"货"，也就是说"筹码"还在手。从这个高点向下的回调，只是狼的虚晃一枪，目的是吓走跟风者，同时把股票价格压低，从低位置再次收集更多的筹码，这样，超越刚才的高点，才对他有好处。

（3）如果超越这个位置之前，获利者没有跑掉，我们一定可以从历史的"脚印"找到它拥有筹码且没有跑掉的根据。

（4）既有事实，又有根据，看到"瓜"，找到"根"，我们可以放心地操作了。当然，不可以贪心，既然是在超越山顶位置的时候买，赚 10%~15%就可以了。

3 实战案例一

● 青岛碱业（600229）季线图（见图3-1）

在青岛碱业（600229）的季线图上，2010年4月30日，最高点是8.23元，假如日后它被超越了（事实也是），那么说明在超越这个眼前的山顶位置之前，获利者并没有跑掉，获利者一定有"货"即"筹码"在手。而且，超越这个位置，对获利者有好处。为了证实上面的猜想，我们需要从图上，也就是历史的"脚印"中，寻找相关的证据。

（1）在青岛碱业（600229）季线图上，从2010年5~6月，量柱显示是萎缩的，说明从7.1元到4.7元的下跌中，并没有跑出大鱼。而在2010年12月的下跌中，因为位置大概相当，获利者之前没走，现在走也捞不到好处，因此也可以推断没走。2011年1月的下跌中，量柱显示，更萎缩了，这说明获利者还在里面。不仅如此，在接下来的两个月中，量增价升，获利者不仅没卖出，相反，在这个横盘的位置，却大量买入。

（2）平均线MA、5月、10月、20月，从2010年4月到2011年4月，呈现缠绕状态，同期的MACD，也紧贴在0线下方横盘，表现出价格波动不惊，微风小浪。是谁在"按"着这个波浪不让它大起大落？答案只能是：有人在蓄势。在悄悄地收集，只等时机拉高，收获盈利。果然，在突破下降箭头指示的小山顶后，价格至少上升了 10%。

图 3-1　青岛碱业（600229）季线

4. 实战案例二

● 桑德环境（000826）月线图（见图3-2）

在桑德环境（000826）的月线图上，2007年9月28日，最高点是23.08元，假如日后它被超越了（事实也是），那么说明在超越眼前的这个山顶位置之前，获利者并没有跑掉，获利者一定有"货"即"筹码"在手。而且，超越这个位置，对获利者有好处。为了证实上面的猜想，我们需要从图上，也就是历史的"脚印"中，寻找相关的根据。

（1）在桑德环境（000826）的月线图上，2007年9月28日，最高点区域，成交量是萎缩的，可推断获利者没有跑出。2008年第三季度，出现每10股送8股的高送转，获利者的货物量增加了。2009年第四季度，出现量增价升的大阳线，明显是主动出击，发出大量买入的信息。获利者不仅接受了那么多筹码，接着又大量购买，其意图不言自明。

（2）平均线MA/5月/10月，从2009年第四季度开始，呈现金叉，同期的MACD在0线上方再次出现金叉，表现出强者更强。是谁在"掀"起这个波浪？平均线代表平均成本，而长期的平均线又代表长期的平均成本。狼的货最多，平均成本其实就是狼手上筹码的平均成本，也只有狼能长期地、默默地收集筹码，隐身藏形，待时机成熟，突然爆发，掀起一波大浪。"潜伏"几个季度再到爆发，强烈程度可想而知，超越最高点的时候介入，赚10%~15%应该没有问题。

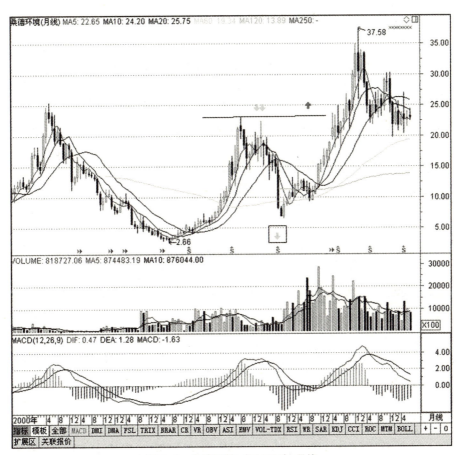

图3-2　桑德环境（000826）月线

5. 实战案例三

● 威孚高科（000581）月线图（见图3-3）

在威孚高科（000581）的月线图上，2008年3月31日，最高点是25.16元，假如日后它被超越了（事实也是），那么说明在超越眼前的这个山顶位置之前，狼并没有跑掉，狼一定有"货"即"筹码"在手。而且超越这个位置，对狼有好处。为了证实上面的猜想，我们需要从图上，也就是历史的"脚印"中，寻找相关的证据。

（1）在威孚高科（000581）的月线图上，2008年3月31日，最高点是25.16元，但成交量是萎缩的，可推断狼没有跑出。2009年第一到第三季度，出现三根巨大量柱而价格却为小上升的阳线，明显是主动出击，发出大量买入的信息。但是，量多而价格却升得不多，谁在"按"着价格不让升，但却买了那么多？答案不言自明。

（2）平均线MA/5月/10月，从2010年第二季度开始，呈现金叉，同期的MACD在0线上方再次出现金叉，表现出强者更强。是谁在"掀"起这个波浪？平均线代表平均成本，而长期的平均线又代表长期的平均成本。狼的货最多，平均成本，其实就是狼手上筹码的平均成本，也只有狼能长期地、默默地收集筹码，隐身藏形，到时机成熟，突然爆发，掀起一波大浪。"潜伏"几个季度，爆发的强烈程度可想而知，超越最高点的时候，介入，赚10%~15%应该没有问题。

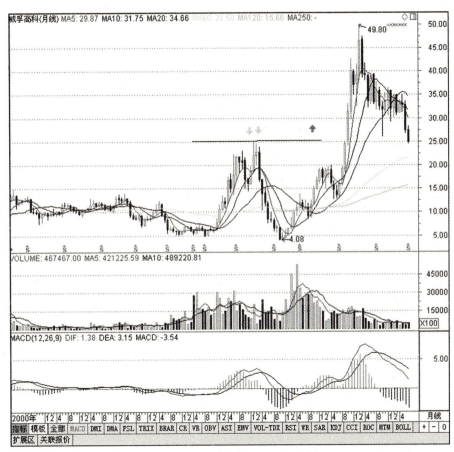

图3-3　威孚高科（000581）月线

● 类似的例子（见图 3-4）

峨眉山 A（000888），聪明的读者可以找到很多这样的股票。

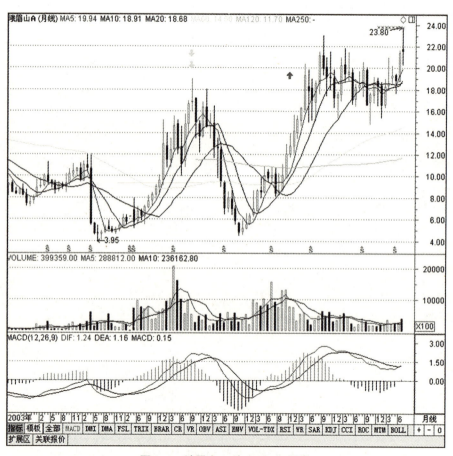

图 3-4　峨眉山 A（000888）月线

寻宝图三 读者反馈操作实例

● 华友钴业（603799）周线图（见图3-5）

读者（2017年2月15日）：李老师，华友钴业（603799）这只股票，根据《聪明羊点金术》里面美妙的小山顶的方法，2016年5月在穿越小山顶的时候，我买入了，当时因为有些害怕，投入少，但还是赚钱了。我多年失去的炒股信心，又有些恢复了。

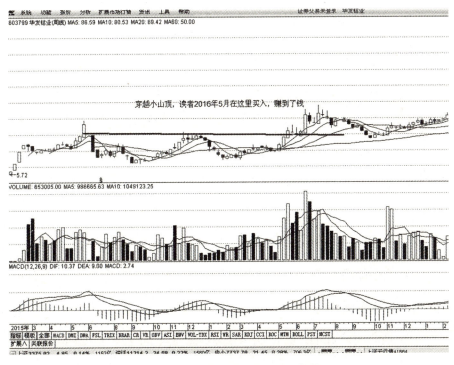

新图3-5　华友钴业（603799）周线

谢谢。后面，我一直关注这只股票，因为资源的稀缺性，我认为这只股票有上涨潜力。所以，这几天持续地关注它。

（1）我短线买进后，发现 2016 年 6 月 17 日放出巨量，次日就抛出了，小赚。

（2）幸亏我跑得及时，在出现巨量后，很快就下跌了。如果我没跑，肯定是又被套住了。

（3）所以，美妙的小山顶这个方法，我认为做短线是可以的，但不能贪心。

（4）2016 年 11 月 4 日出现巨量阳蜡烛，直到 2017 年 2 月，一直是横向震荡。

（5）请教：我可以再次介入吗？

答：我一再强调，投资需要理由，需要首先能说服自己。理性地分析这只股票，我的几点意见仅供参考：

（1）首先看这只股票庄家的身影。我们知道，庄家并不希望从外面看到它的身影，但其实它的身影无处不在。否则，就不会看到那么高的成交量和那么漂亮的波浪。这后面隐藏的都是庄家的身影。

（2）单说成交量，巨大的成交量买入，不可能是散户所为，因为散户没有那么齐心和巨大的资金能力。再说，散户也没有能力和齐整的意识在敏感的位置上升和下跌。

（3）所谓敏感的位置，实际都反映在盘面上，比如平均线位置，以及关键的回撤点黄金分割位置。

（4）黄金分割，抽象地理解它没有意义，要实在地根据庄家的成本考虑才有意义。许多投资人，刻舟求剑，生搬硬套，囫囵吞枣，只是机械地套用黄金分割的回撤点，似是而非，没有抓住黄金分割的意义本质，所以总是一知半解，投资金融市场，沦为了赌博行为。

（5）在这只股票上，我们首先要找出庄家在哪里，他的身影在何处。

（6）我们知道，庄家并不希望我们发现它，更不希望我们发现他的意图。所以说，他总是在和我们捉迷藏，躲猫猫。可以说，要发现他的身影，必须要靠逻辑分析推理。

（7）首先，从成交量入手可以发现庄家。巨大的单日成交量，伴随着高的换手率。这里面，卖家和买家，就有一个可能是庄家。因为庄家才能同一天调动巨大的资金。可以说，主动买入的，在低位的基本是庄家。而高位，主动卖出的，则非常肯定是庄家。

（8）看这只股票，从上市以来，有个巨大的成交量森林，图中用弧线标出如图 3-6 所示，对应的价格区间在 20~39 元，中间价是 30 元左右。可以说，这应该是庄家的成本区。是对应的巨大成交量公司刚上市不久后形成的。

（9）庄家买到足够的货，才会拉升，所以，我们看到图 3-6 中有一个超越平行区间的新高。也就是你买入做短线的地方。同时，拉升的这一波，又再次放出巨量，并且超过前面平行线区间

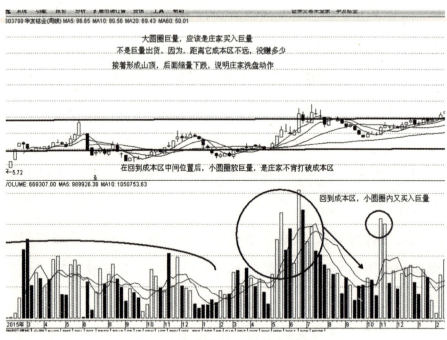

图 3-6 华友钴业（603799）周线

的高度。这个巨大的成交量，我们分析是庄家出货了吗？应该不是，因为，这个山顶最高价格是 48.35 元，距离 39 元来说幅度太小，不应该是庄家的出货目标。庄家赚得太少。

（10）图 3-6 中大圆圈中的巨量，应该不是庄家出货，而应该是庄家买货。

（11）把平行线区间的成交量再加上大圆圈内的成交量，多方考虑，庄家应该吃了更多的货。从 48.35 元向下的一波，应该看作是洗盘虚假吓唬的动作，我们看到下跌而且缩量的，更加说明庄家很珍惜筹码，并没有抛出。

（12）既然如此，那么向下洗盘，不应该跌破成本区的中间地段，也就是黄金分割50%的位置，30元左右。

（13）2016年底到2017年2月的横盘，位置就在这一带，而且小圆圈的巨量，更加证明庄家在这里放量买入。仔细看，这里是60日平均线位置。这里横向震荡，拒绝下跌，这里的成交量，应该是庄家买入，消磨散户耐心，逼迫他们卖出，而自己大肆买入。

（14）从2015年2月到2017年2月，已经两年时间了，庄家吃了这么多筹码，还没有大赚，这时难道不是很好的散户买入的好时机吗？如图3-7所示。

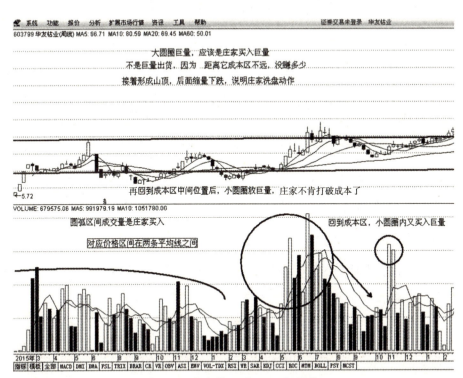

图3-7 华友钴业（603799）周线

（15）后面的走势如图 3-8 所示。

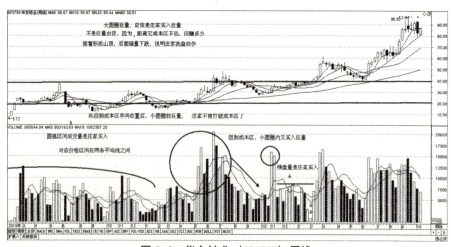

图 3-8 华友钴业（603799）周线

● 洛阳钼业（603993）周线图（见图 3-9）

读者（2014 年 11 月 10 日）：李老师，洛阳钼业（603993）（见图 3-9）这只股票，我观察分析，根据《聪明羊点金术》里面美妙的小山顶的方法，2014 年 8 月形成的小山顶，到 10 月底在 60 周平均线位置企稳。这几天又接近这个山顶了，会穿越吗？如果穿越的话，我想介入，请问您怎么看这只股票？谢谢！

答：理性地分析这只股票，结合这只股票当前的位置，我提出几点意见供参考：

（1）首先看这只股票庄家的身影。这只股票有个除息，是在 2013 年 6 月 25 日每 10 股派现金 1.2 元。我们知道，要得到这个红利，必须在股权登记日当天或者之前买入。而买入符合两个条

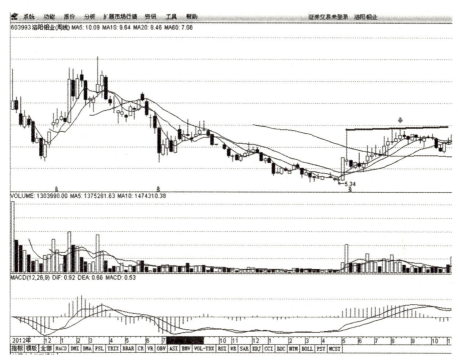

图3-9 洛阳钼业 (603993) 周线

件最划算，一是价格低，二是距离分配红利的时间短，这样使用资金的时间效率最高。

（2）从图 3-10 可知，在除息之前有一个下跌的波段，之前是个小幅上涨的阶段。

（3）这个小幅上涨的波段，成交量可以分析是庄家买入的成交量。

（4）由于除息后，股价会低，股票的价值会缩水，散户们会在除息前抛出股票。所以，除息前，散户和庄家应该是相反的操作方向。散户抛，庄家买入。

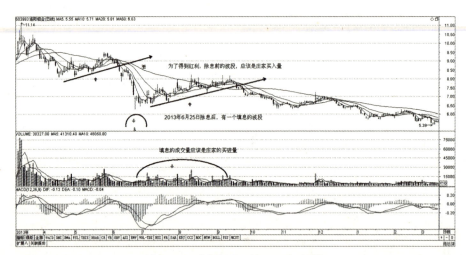

图 3-10　洛阳钼业（603993）日线

（5）除息后，股票价值缩水了，又出现了一个填息的波段。现金红利落袋了，股票价格又回到除息之前的位置，甚至更高。

（6）你说谁会这么好心，把价格拉回到除息之前的位置，当然是手中拥有巨量筹码的股票。谁的孩子谁呵护，不是吗？

（7）庄家买入巨量，并不等于立刻拉升。它还要挤泡沫，反复挤压里面的异己，把他们赶走。这就需要时间过程和下跌空间。因为，只有下跌导致他们亏损，他们才离开，只有长时间的亏损，他们才能熬不住，才能抛出带血的筹码。

（8）什么时候彻底地赶走了他们呢？成交量非常小的时候。而且是低位成交低迷的时候。

（9）如图 3-11 所示，三角形区域低迷成交量近一年。可以说人气几乎没有了。想想看，这可是稀缺金属。这样低迷的成交量，代表没有人再主动卖出了。该卖的早卖了，不卖的，那是打

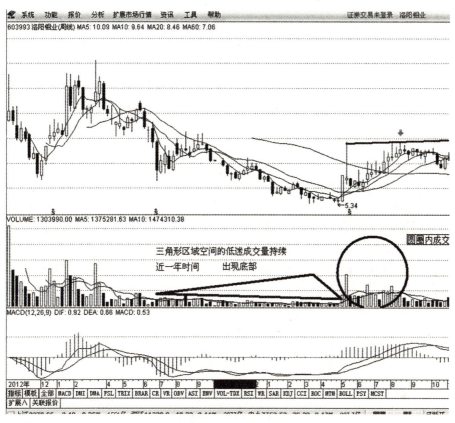

图 3-11　洛阳钼业（603993）周线

死都不会卖。当然，这也包括套牢的庄家自己。

（10）庄家当然不会永久套牢自己。就在众人绝望丢弃的时候，巨大的成交量出现了，这无疑就是庄家自己巨量买入，抄底买入。

（11）图 3-11 中的圆圈区域，成交量应该是庄家买入的成交量区域。

（12）注意：这个波段是庄家买入的，许多小阳线，很不好看，对吗？为了隐藏自己，庄家当然不能让图走得太漂亮。2014

年 5 月还出现了一个高高的上影线，碰一下就落下来了。这个巨量上影线，代表庄家巨量买入后，再次打压价格，以隐藏自己。

（13）如图 3-12 所示，左边三个大圆圈内的成交量，应该是庄家买入量，因为庄家买的筹码不够，空间不够，都没有理由出货。

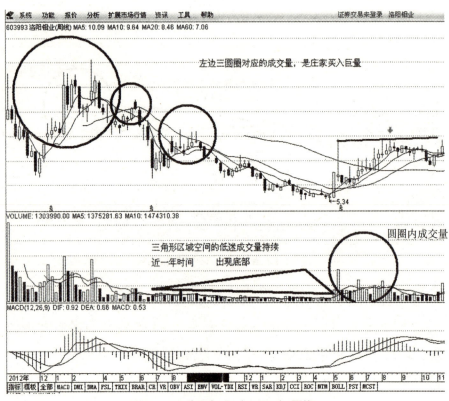

图 3-12　洛阳钼业（603993）周线

（14）那么，考虑到底部的抄底，以及前面的庄家买入的巨量，可以说，这只股票已经被庄家抄底了，它的巨量货物又在高处买的，接下来，它是一定要拉高过成本区，并且回到巨量买入的价格区间。

（15）这个价格区间就是股票上市半年左右放出的庄家巨量买入的成交量区间，即 11 元左右。2013 年 3 月 15 日那一周最高价在 11.14 元。

（16）当然，庄家在拉升之前一定会洗盘赶人的，但他洗盘绝对不会低于如此久的一个成本价。大约 60 周，2013 年到现在大约一年零八个月左右，也就是 70 周左右。那么 70 周平均线的位置，应该就是庄家止跌的大概位置。

（17）如果你仔细看，2014 年 10 月 31 日，这周的最低价就在 60 周平均线位置，而且这是个缩量阳蜡烛。说明只用很少的筹码，庄家就把价格拉高了。更加说明，盘子已经被庄家控制了。如图 3-13 所示。

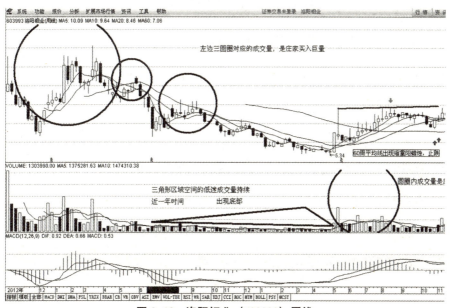

图 3-13　洛阳钼业（603993）周线

（18）我觉得你可以现在买，也可以突破前高买。这只股票的价格，至少到 11 元左右。

（19）注意：这只股票后面走势如图 3-14 所示，果然超过了 11 元。读者在 8 元买入，获利丰厚。

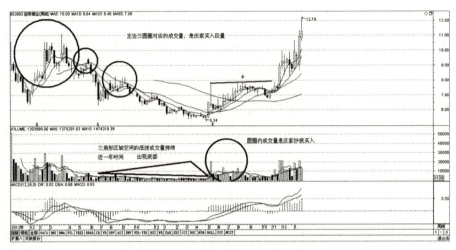

图 3-14　洛阳钼业（603993）周线

（20）庄家并不希望从外面看到它的身影，但其实它的身影无处不在。否则，就不会看到那么高的成交量和那么漂亮的波浪。这后面隐藏的都是庄家的身影。

（21）单说成交量，巨大的成交量买入，不可能是散户所为，因为散户没有那么齐心和巨大的资金能力。再说，散户也没有能力和齐整的意识在敏感的位置上升及下跌。

（22）所谓敏感的位置，实际都反映在盘面上，比如平均线位置，以及关键的回撤点黄金分割位置。

寻宝图四
山谷里面有黄金

1.　智慧种子

会看，看门道，不会看，看热闹。在 K 线图上，一浪高过一浪，或者一浪低过一浪，告诉我们什么玄机？什么"风"掀起了这些浪？大浪、小浪，或平静、或喷发，告诉我们什么信息？顺藤摸瓜，顺瓜找根。透过现象看本质，万变不离其宗。南瓜地里，有的"瓜"是明显裸露在外面的，容易发现，"根"则要我们细心寻找。找到了根，就可以找到另外的瓜。

在 K 线图上，用肉眼容易发现的"瓜"，其实就是：山谷，山顶，巨大的单独量柱，绵延横亘的河床，两次假"撤退"等。这些狼的脚印，其实已经出卖了他。这里，我们详细解说"藏金"的"山谷"。

2. "藏金"的"山谷"

（1）在 K 线图上，我们看到一个历史的最低价格，我们可以把它看作一个山谷，从这个价格开始，出现过一个升高的过程。假如，你没有搭上那一班车，看着它升得那么高，是不是很遗憾呢？那么，在它回到"起点"附近的时候，是不是有一种冲动，要搭上这班车呢？

（2）人同此心，你的想法，其实也代表了大多数人的想法。前波段赚钱的人，到这里，早就跑光了，因为，"终点回到了起点"！从这里重新上车，是新起点，没风险，或者是少风险。

（3）少数"羊群"中的羊能发现的财富，"狼群"也一定能看到。看季线图上，在靠近前面山谷处，出现了放大量，大阳 K 线吞阴 K 线的时候，就是狼大量拿便宜货的时候。既然它大量地买入，拉高卖高价钱，必定是有狼自己的目的。聪明羊，赶快偷偷地搭上车吧。

3. 实战案例一

● 大通燃气（000593）季线图（见图 4-1）

（1）在大通燃气（000593）的季线图上，2006 年 6 月，最低点价格是 2.9 元，而在 2008 年 12 月底，最低价格是 2.96 元。在此位置，出现了 K 线十字星，接着出现了大阳线，吞掉了十字星，走出了"从起点又回到前面终点"的行情。应验了"从哪里来，必向哪里去"的俗语。

（2）正确的开始，是成功的一半，但是，何时下车，却应该灵活机动，不一定非得走到前面的高点。实战中，历史不代表未来，路走对了，还可能会遇到突发状况，狼群也可能中间转方向，聪明羊，也要注意不要一条路走到黑，见好就收，随时开溜，及时落袋为安，这才是明智之举。一般来说，把前面的终点，打个六折，是比较安全的目标。

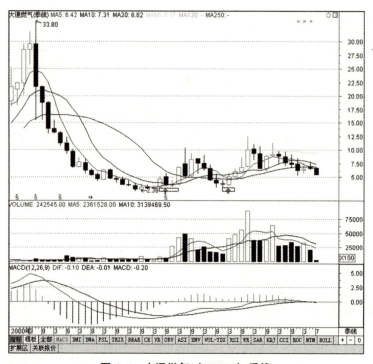

图 4-1　大通燃气（000593）季线

4. 实战案例二

● 美罗药业（600297）季线图（见图 4-2）

（1）在美罗药业（600297）的季线图上，2006 年 3 月，最低点价格是 5.52 元，而在 2008 年 12 月底，最低价格是 4.55 元。在此位置，出现了 K 线十字星，接着出现了大阳线，吞掉了十字星，走出了"从起点又回到前面终点"的行情。应验了"从哪里来，必向哪里去"的俗语。

（2）正确的开始，是成功的一半，但是，何时下车，却应该灵活机动，不一定非得走到前面的高点。实战中，历史不代表未来，路走对了，还可能会遇到突发状况，狼群也可能中间转方向，聪明羊，也要注意不要一条路走到黑，见好就收，随时开溜，及时落袋为安，这才是明智之举。一般来说，把前面的终点打个六折，是比较安全的目标。

图 4-2 美罗药业（600297）季线

5.　实战案例三

● 科达机电（600499）季线图（见图 4-3）

（1）在科达机电（600499）的季线图上，2006 年 9 月，最低价格是 4.32 元，而在 2008 年 12 月底，最低价格是 4.38 元。在此位置，出现了 K 线十字星，接着出现了大阳线，吞掉了十字星，走出了"从起点又回到前面终点"的行情。应验了"从哪里来，必向哪里去"的俗语。

（2）正确的开始，是成功的一半，但是，何时下车，却灵活机动，不一定非得走到前面的高点。实战中，历史不代表未来，路走对了，还可能会遇到突发状况，狼群也可能中间转方向，聪明羊，也要注意不要一条路走到黑，见好就收，随时开溜，及时落袋为安，这才是明智之举。一般来说，把前面的终点，打个六折，是比较安全的目标。

● 类似的例子（见图 4-4~图 4-6）

科达机电（600499）、湖北能源（000883）、开元投资（000516）、外高桥（600648），聪明的读者可以找到很多这样的股票。

图4-3 科达机电（600499）季线

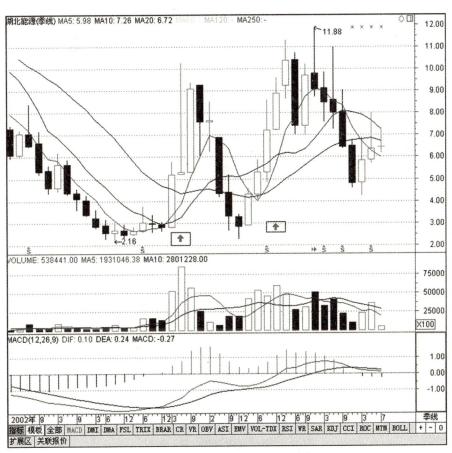

图4-4　湖北能源（000883）季线

图4-5　开元投资（000516）季线

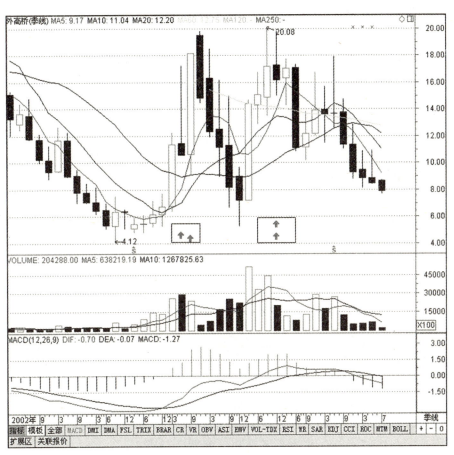

图4-6　外高桥（600648）季线

寻宝图四 读者反馈操作实例

● 上港集团（600018）日线图（见图 4-7）

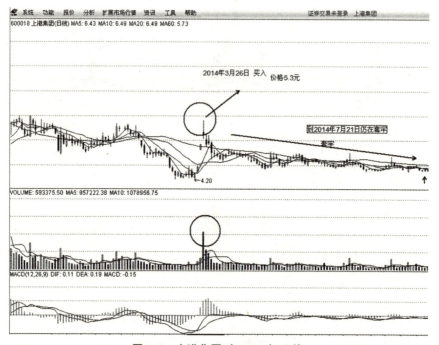

系统 功能 报价 分析 扩展市场行情 资讯 工具 帮助　　　　　　证券交易未登录 上港集团

600018 上港集团(日线) MA5: 6.43 MA10: 6.49 MA20: 6.49 MA60: 5.73

2014年3月26日 买入　价格5.3元

到2014年7月21日仍在套牢

套牢

—4.20

VOLUME: 593375.50 MA5: 957222.38 MA10: 1078956.75

MACD(12,26,9) DIF: 0.11 DEA: 0.19 MACD: -0.15

图 4-7　上港集团（600018）日线

　　读者（2014 年 7 月 21 日）：李老师，上港集团这只股票，根据《聪明羊点金术》中山谷里面有黄金的方法，2014 年 3 月 26 日我看昨天大阳线蜡烛，今天又跳空高开，忍不住买进去，结果当天就收获一根黑色小陀螺蜡烛。我觉得自己运气不能那么差吧，没想到股价一直就像钝刀子割肉一样，慢慢回落。到今天快 4 个月了，还在套牢中。真是郁闷。请教您该怎么办？您是怎么分析这只股票的？谢谢。

答：投资和投机，前者需要时间沉淀，后者更需要看准时机。所谓时机，就是时间关键点和空间关键点。在股票投资上，短线更讲究时机，所以更像投机。多数人没有找到好的时机就买股票，但却像投机客一样希望立刻兑现、立刻盈利，甚至有小利不走而必须盈大利，又贪心又没有逻辑。

许多人短线亏钱了，卖掉了，狠心不看这只股票，换成其他股票，结果换汤不换药，还是短线亏了就割肉，一再恶性循环，就像慢慢滴血，不知不觉，本金就所剩无几了。巴菲特说，绝不能亏本金，这句话在很多人亏本了以后才会幡然醒悟。

投资需要逻辑推理，需要理性分析判断。需要你必须说服自己。冷静理性地分析这只股票，我的几点意见供参考：

（1）首先我们看这只股票的芯片。看股票，不光看眼前，还要看它的前世今生，也就是它在相当长一段时间的走势和里面蕴含的信息。路遥知马力，图久看股芯。请看月线图，如图4-8所示。

（2）首先映入眼帘的是凸起物，对不对？我们看到突出的成交量柱子，我画出两个圆圈。

（3）最高的成交量出现在2013年8月。这根巨大的阳蜡烛一举突破了60月平均线的压制，说明什么？说明在过去5年内买得最多的那个人赚钱了。为什么这么说，因为平均线代表大多数量，市场上拥有最多量的那个一定是庄家。价格突破它的平均成本，就意味着它开始赚钱了。同时，这也说明了过去 5 年内它是买入的，而不是卖出的。

图 4-8　上港集团（600018）月线

（4）那么，往前推 5 年，就是 2008 年 8 月。在这 5 年内庄家的身影如何发现呢？我们知道，庄家是不希望我们看到它的，它总是隐蔽地悄悄地动作，或者总喜欢使用障眼法，掩盖它的操作。

（5）但是图 4-8 中 2008 年底到 2009 年 7 月这个圆圈内的突出成交量，却能说明这是庄家的买入量。这个集中的成交量柱子区，显示的应该是庄家集中买入的成交量。以此为根据，我们推断庄家的成本区应该在这里。尤其是 2009 年 3 月和 4 月的成交巨量阳蜡烛，平均成本在 4.5 元左右。

（6）另外，2013 年 8 月这个巨量大阳，是在长期无量底出现后，不可能是庄家出货。谁会在千载难逢的底部出货呢？这时只能是进货。平均成本在 3.7 元左右。

（7）综合两处庄家进货的成本，取两者的平均值，3.7 元和 4.5 元的平均值是 4.1 元。

（8）由于 2013 年 8 月是进货，9 月的山顶，不可能是庄家出货，那么接下来的回撤应该是庄家洗盘的动作。如果是洗盘，那么它必定不会跌破平均成本，也就是 4.1 元左右。

（9）因为庄家已经买了巨量，不可能下跌过深而对自己不利，但又要赶走跟风盘，那就只有消磨时间了，用横盘墨迹来消磨跟风者的耐心和信心。

（10）至于磨蹭多久，这个你要注意庄家什么时候再次启动。

（11）鉴于你买的价格在庄家成本区不远，我建议你不要割肉，反而注意当再次出现带量阳蜡烛的时候加仓买入。

（12）图 4-9 是接下来的走势。2014 年 12 月出现了放量阳，读者在 2015 年 1 月加仓买入，获利 20%左右。

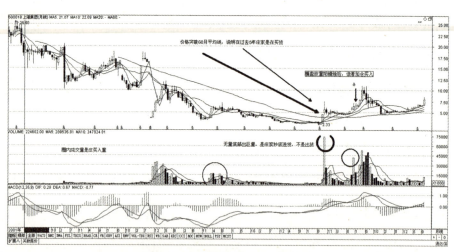

图4-9 上港集团（600018）月线

● 天齐锂业（002466）日线图（见图4-10）

读者（2017年6月1日）：李老师，天齐锂业（002466）这只股票，根据《聪明羊点金术》中山谷里面有黄金的方法，2017年5月25日买进去，现在套牢中。请教您该怎么办？您是怎么分析这只股票的？谢谢。

答：看这只股票的全貌，再具体分析，我的看法如下，仅供参考，如图4-11所示。

（1）股票的前山谷：2016年5月27日10送28高送转。之后继续下跌，最低31.2元。

（2）成交量：高送转后的巨量堆，应该是庄家买入量，因为如果不想要股票，就不会要高送转赠股，要了赠送股，没赚钱也没有可能卖出。所以，高送转后的量堆，应该是庄家买入的

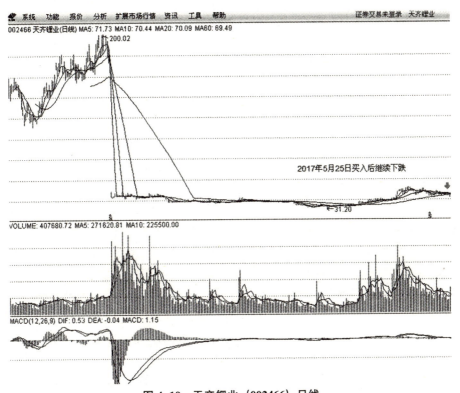

图 4-10　天齐锂业（002466）日线

巨量。

（3）庄家买入巨量后，会继续打压股票，少量卖出，换得股票继续下跌，直到跌无可跌，没有人再愿意继续主动卖出，底部出现。此时庄家会抄底买入。所以，底部量坑后面出现的爬坡成交量，应该是庄家抄底买的便宜货。

（4）结合两个量堆之间的平均价格，可以算出庄家的成本价格在狭长价格区间的一半左右。

（5）你的买入价格在这一带附近，我觉得你可以再耐心一点。甚至说，可以再多买一些。

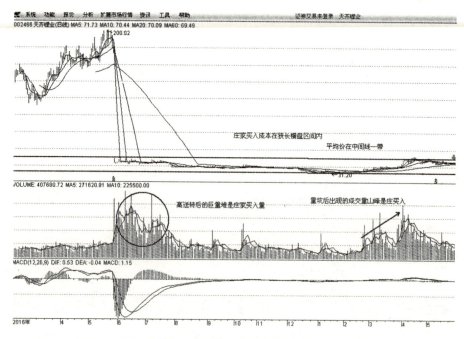

图 4-11　天齐锂业（002466）日线

（6）具体买入时机，我建议你观察，再次出现放量阳蜡烛的时候再动手不迟。因为平均价格在 41 元左右，我想庄家的目标至少是翻倍，那么在 82 元左右，你可以先出来。同样原理的股票很多。用这种方法，自己多反问自己，多观察。

（7）股票后面走势如图 4-12 所示。

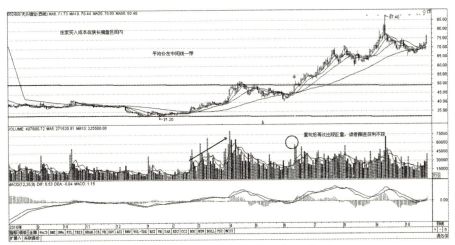

图 4-12 天齐锂业（002466）日线

寻宝图五

高高的黄金柱

1.　智慧种子

会看，看门道，不会看，看热闹。在 K 线图上，一浪高过一浪，或者一浪低过一浪，告诉我们什么玄机？什么"风"掀起了这些浪？大浪、小浪，或平静、或喷发，告诉我们什么信息？顺藤摸瓜，顺瓜找根。透过现象看本质，万变不离其宗。南瓜地里，有的"瓜"是明显裸露在外面的，容易发现，"根"则要我们细心寻找。找到了根，就可以找到另外的瓜。

在 K 线图上，用肉眼容易发现的"瓜"，其实就是：山谷，山顶，巨大的单独量柱，绵延横亘的河床，两次假"撤退"等。这些狼的脚印，其实已经出卖了它。这里，我们详细解说"低位高烟囱"，它们其实就是黄金柱，把握好了，就可以带给我们货真价实的财富。

2.　低位高烟囱

（1）在 K 线季线图上，我们看到价格从高位置下降，已经打了至少三折了，前面持有股票的投资人，到这里必然是折腰断臂，哀号一片，大多数早就逃之夭夭了。到这里还主动卖出的人，想必是有点脑残了。而且应该是数量很少的了。

（2）按照上面的逻辑，在这里，应该成交量很少才对。

（3）可是，我们看南京中商（600280）季线图（见图 5-7），到 2008 年 12 月的最后一个季度，成交量却拔地而起，对比前两个季度，高出两倍，看着就像矗立的烟囱，并且后面的烟囱，还更高，这说明了什么呢？

（4）如果说在这里，主动卖出的量越来越少，导致成交量也越来越少，但是"狼"可以主动出击，把前面稍高价格买来的货物，低价格自己卖给自己（不能卖给别人，否则，不是白白亏损了吗），让价格再次下降，让不卖的人看到，一直在下降，似乎没有最低，只有更低，结果，那些原来不卖的人就会萌发出这样的想法：先卖出，再从更低位置买回来。因此，也纷纷跟随卖出（事实是，因为不知道什么时候是最低，很多在这里抛出的人，因为一味地追求最低，结果，等价格回升的时候，却只能原价买回，或者高价格买回，甚至，看到贵过自己原来卖出价格而不愿再买回来，彻底认亏，发誓永不再"玩"）。

（5）什么时候，"狼"停止打压价格呢？那就是狼看到，这最后一批"死了都不卖"的顽固派都卖出的时候，也就是股票上的"异己"被彻底赶走的时候。表现为，成交量比往常异常地放大的时候，这辆车上的其他乘客差不多全下车了，他把别人卖的筹码一一买入。现在，他完全可以控制这辆车，可以决定什么时候开车了。某投资大师说，在别人恐惧的时候，他贪婪。因为他很清楚，黎明前最黑暗的时候，也就是要旭日东升的时候。

（6）狼大量买入便宜货，目的是为了高价卖！既然狼能控制方向，肯定要拉高到最大利益化的水平。那么，什么时候他开始拉高呢？

（7）在季线图上，出现了放大量，阳 K 线吞掉阴 K 线的时候，反转的信号出现，就是狼开始拉车的时候。聪明羊赶快偷偷地买点货放上车，让狼拉去一起卖了吧。

（8）狼会走多远？前面高位置放巨量的地方，那里有很多上次吃亏套牢在那里的"站岗者"，狼拉的车到那里，他们必定抢着要卖，好平本解套。不管狼卖不卖，你都要先卖了，千万不要比狼还贪心。因为什么时候采取行动，只有狼才知道，你可不知道，见好就溜吧。

3.　实战案例一

● 铜陵有色（000630）季线图（见图5-1）

（1）我们看铜陵有色（000630）到2008年12月的最后一个季度，成交量对比前两个季度明显高出，后面的一个季度，更是高出两倍，看着就像矗立的烟囱。而价格也从之前的最高价格38.82元跌到这里的5.46元。这是"狼"在低位制造恐慌，趁机买入便宜货的特征。

（2）在此位置，出现了阴K线小陀螺，接着，被大阳线吞掉，走出了"从起点又回到前面终点"的行情。

（3）正确的开始，是成功的一半，但是何时下车，却应该灵活机动，不一定非得走到前面的高点。实战中，历史不代表未来，路走对了，还可能会遇到突发状况，狼群也可能中间转方向，聪明羊，也要注意不要一条路走到黑，见好就收，随时开溜，及时落袋为安，才是明智之举。一般来说，把前面的终点打个六折，是比较安全的目标。

（4）或者像前面说的，在前面高位置放巨量的地方，那里有很多上次吃亏套牢在那里的"站岗者"，狼拉的车到那里，它们必定抢着要卖，好平本解套。不管狼卖不卖，你都要先卖了，千万不要比狼还贪心。因为，什么时候采取行动，只有狼才知道，你可不知道，见好先溜吧。

图 5-1　铜陵有色（000630）季线

4. 实战案例二

● 云内动力 (000903) 季线图 (见图 5-2)

(1) 我们看云内动力 (000903) 到 2008 年 12 月的最后一个季度，成交量对比前两个季度明显高出，后面的一个季度，更是高出两倍，看着就像矗立的烟囱。而价格也从之前的最高价格 25.38 元跌到这里的 5.02 元。这是"狼"在低位制造恐慌，趁机买入便宜货的特征。

(2) 在此位置，出现了阴 K 线小陀螺，接着，被大阳线吞掉，走出了一波相当不错的行情。

(3) 正确的开始，是成功的一半，但是，何时下车，却应该灵活机动，不一定非得走到前面的高点。实战中，历史不代表未来，路走对了，还可能会遇到突发状况，狼群也可能中间转方向，聪明羊，也要注意不要一条路走到黑，见好就收，随时开溜，及时落袋为安，这才是明智之举。一般来说，把前面的终点，打个六折，是比较安全的目标。

(4) 或者像前面说的，在前面高位置放巨量的地方，那里有很多上次吃亏套牢在那里的"站岗者"，狼拉的车到那里，它们必定抢着要卖，好平本解套。不管狼卖不卖，你都要先卖了，千万不要比狼还贪心。因为，什么时候采取行动，只有狼知道，你可不知道，见好先溜吧。

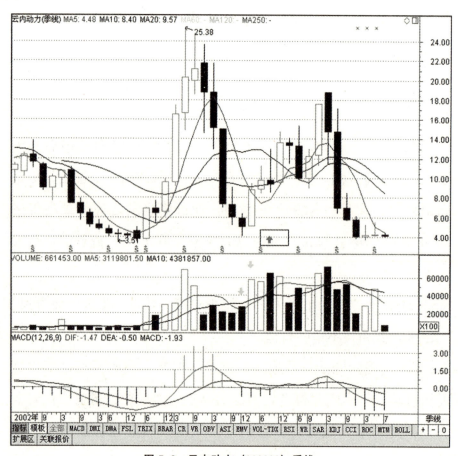

图 5-2　云内动力（000903）季线

5.　实战案例三

● 泸州老窖（000568）季线图（见图 5-3）

（1）我们看泸州老窖（000568）到 2008 年 12 月的最后一个季度，成交量对比前两个季度明显高出，后面的一个季度，更是高出两倍，看着就像矗立的烟囱。而价格也从之前的最高价格 76.6 元跌到这里的 16.5 元。这是"狼"在低位制造恐慌，趁机买入便宜货的特征。

（2）在此位置，出现了阳 K 线小陀螺，接着，被大阳线吞掉，走出了相当不错的行情。

（3）正确的开始，是成功的一半，但是，何时下车，却应该灵活机动，不一定非得走到前面的高点。实战中，历史不代表未来，路走对了，还可能会遇到突发状况，狼群也可能中间转方向，聪明羊，也要注意不要一条路走到黑，见好就收，随时开溜，及时落袋为安，这才是明智之举。一般来说，把前面的终点，打个六折，是比较安全的目标。

● 类似的例子（见图 5-4~图 5-7）

新大陆（000997）、广百股份（002187）、ST 东电（000585）、南京中商（600280），聪明的读者可以找到很多这样的股票。

图 5-3　泸州老窖（000568）季线

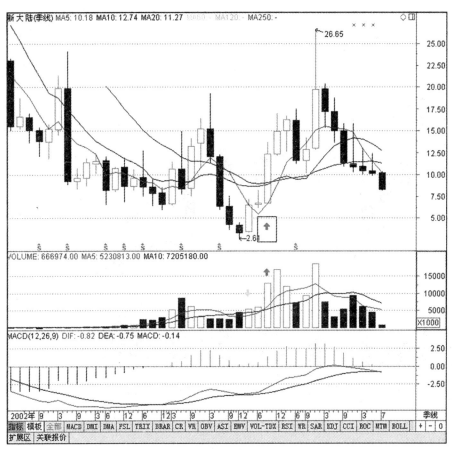

图 5-4　新大陆（000997）季线

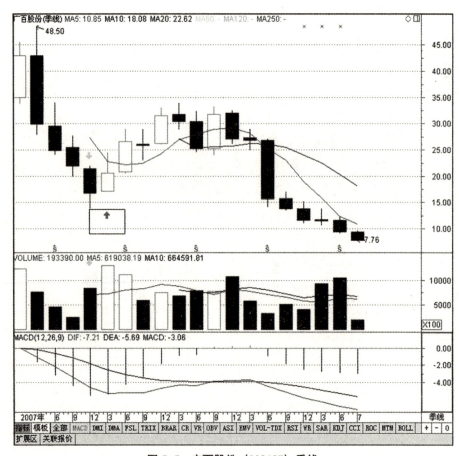

图5-5 广百股份（002187）季线

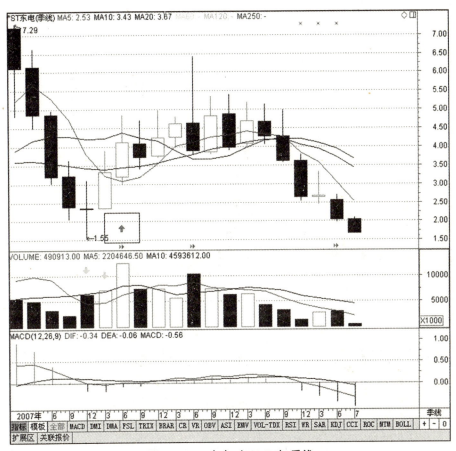

图 5-6　ST 东电（000585）季线

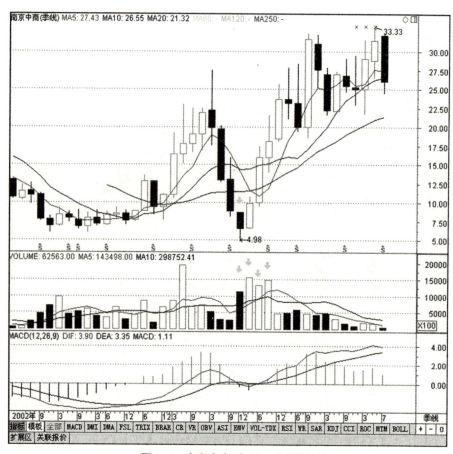

图 5-7 南京中商（600280）季线

寻宝图五 读者反馈操作实例

● 罗平锌电（002114）周线图（见图5-8）

读者（2014年7月9日）：李老师，罗平锌电（002114）这只股票，根据《聪明羊点金术》中高高的黄金柱的方法，2014年7月1日我看上周大阳线蜡烛，而且放出巨量黄金柱，忍不住就买了进去，现在有些回落。我觉得这次买入应该没问题，可心里还是不踏实。请教您如何分析这只股票的？谢谢。

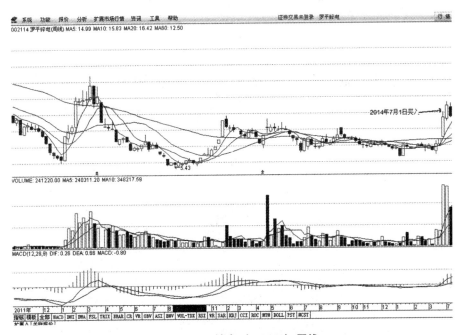

图5-8　罗平锌电（002114）周线

答：你发现了巨大黄金柱，买入，是理智谨慎的，这一点比其他投资人追涨杀跌来说，应该是成熟稳健的决策，应该给自己一个肯定。关于这只股票，我的分析如下，仅供参考：

（1）从长周期图看（见图5-9），月线上，我们看到前面最低价格是5.43元，而这个价格是从高位24.85元跌下来的，可以说下跌近八成后到达的低位。这里出现的巨量黄金柱，应该可推测是庄家买入量。

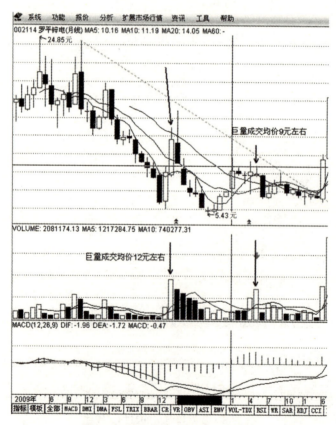

图5-9　罗平锌电（002114）月线

（2）但是，图5-9中这里却没有出现巨大成交量。出现巨大成交量的时间是2012年6月和2013年5月。两者的均价分别是12元和9元左右，二者平均价10元左右。这两次都应该是庄家巨量买入，因为是相对低位。

（3）两次庄家买入巨量的平均成本在10元左右，也就是说，只有超过这个平均价，庄家才值得用力拉升，而在拉升前它一定巨量买入。这个不难理解。

（4）再看周线图，如图5-10所示，巨大的阴线成交量，是庄家买入，因为这个位置不可能是庄家卖出。如果庄家卖出则早就卖出了，没必要耗费时间成本在这里才卖出，新庄家这里卖出，根本无利可图。所以，这里巨大的成交量，只能是新庄家买入量，平均成本在10元左右。

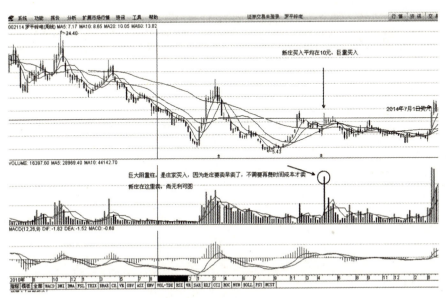

图5-10　罗平锌电（002114）周线

（5）再思考一个问题，为什么这里买入巨量？很简单，只有这个价位才能买入巨大量。

（6）那么接下来就可以解释，为什么上周这里出现巨量大阳蜡烛，这是庄家巨量买入的行为造成的。只有这个价位才可以买到巨量。可以说，这个价位就是庄家的平均价位底线，只有往上超过它的成本区，它才能赚钱。在成本区，它一定是巨量买入。买入巨量后，它一定是要拉升超过成本区，目标至少是双倍。

（7）你买入的价格恰好在庄家的成本区，我建议你把目标暂定为 20 元。

（8）图 5-11 是后续走势。

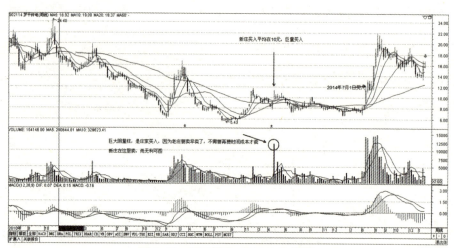

图 5-11　罗平锌电（002114）周线

● 中国联通（600050）日线图（见图 5-12）

读者（2016 年 12 月 2 日）：李老师，中国联通这只股票，根据《聪明羊点金术》中高高的黄金柱的方法，今天我看昨天大阳线蜡烛，而且放出巨量黄金柱，早上就买了进去，价格 7.2 元。现在收盘了，今天收出阴线。我觉得这次买入应该没问题，可还是心里不踏实。请教您如何分析这只股票的？谢谢。

答：透过现象看本质，昨天这个巨大的黄金柱，要对它分析，要从全局的观念看，也就是全面看。我的分析是这样的，仅供参考。

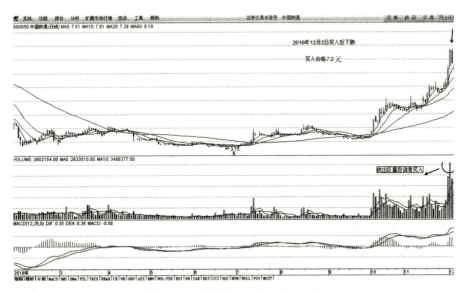

图 5-12　中国联通（600050）日线

（1）看周线图（见图 5-13），弧形区域的成交量是缓慢放大，应该是庄家买货，慢慢买进了左边小阴小阳区域的套牢盘。

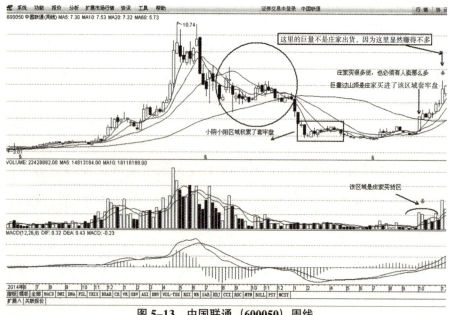

图 5-13　中国联通（600050）周线

（2）2016 年 12 月 2 日这一周的放量，应该不是庄家出货，因为庄家没有赚多少。而更应该是买进左边圆圈内的套牢盘。

（3）何处出现巨量，不是偶然的，必定是有原因的。因为庄家要买很多货物，也必须有那么多的卖出量才可以。所以，这里放出巨量的位置，是有套牢盘的。

（4）可以看出，庄家新买进的两处，都是成交量放大的地方，两处的平均价格大约是 5.19 元+7.3 元的平均价格，大约在 6.4 元。据此可以推算出庄家的平均价格在 6.4 元左右。

（5）一般来说，庄家买了巨量后会隐藏起来，而且这里是套牢区，不可能一次买完。这里应该有个震荡洗盘，目的是震塌上面的土层，也就是套牢区，让套牢的散户动摇卖出。

（6）但是因为目前庄家的成本在 6.4 元左右，震荡洗盘，回撤不应该低于 6.4 元。

（7）如果你心态好一些，我建议在回撤到 6.4 元左右再加码买入。因为这里是套牢区，我建议也不要太贪心，有赚就抛。很可能围绕套牢区，庄家会再次震荡，没必要被震荡消耗时间。

（8）图 5-14 是后续图。回挡果然停留在 6.4 元左右。

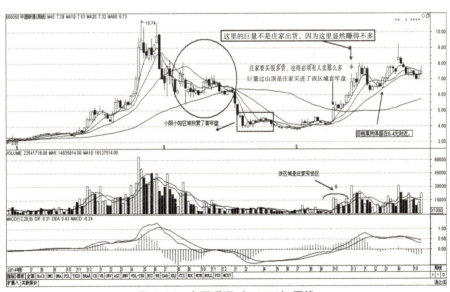

图 5-14 中国联通（600050）周线

寻宝图六

绵延横亘的金河床

1. 智慧种子

会看，看门道，不会看，看热闹。在 K 线图上，一浪高过一浪，或者一浪低过一浪，告诉我们什么玄机？什么"风"掀起了这些浪？大浪、小浪，或平静、或喷发，告诉我们什么信息？顺藤摸瓜，顺瓜找根。透过现象看本质，万变不离其宗。南瓜地里，有的"瓜"是明显裸露在外面的，容易发现，"根"则要我们细心寻找。找到了根，就可以找到另外的瓜。

在 K 线图上，用肉眼容易发现的"瓜"，其实就是：山谷，山顶，巨大的单独量柱，绵延横亘的河床，两次假"撤退"等。这些狼的脚印，其实已经出卖了它。这里，我们详细解说"绵延横亘的河床"。

2. "绵延横亘的河床"逻辑

（1）任何事物要变动，必然有外力作用。股票价格的变动，也必然出自人的刻意行为。同样，要使得它不动，也必须有"Hold"住它的力量。

（2）新股刚上市，或者股票价格在下跌超出50%以后，都是"狼"买便宜货的时候。但是如果连续买入，必然会使得价格上升，使得"跟风"已经盈利的人不会"下车"。为了让这些"蚂蝗"脱离，狼就要按住股票，不让它继续升高；同时，由于狼买的量已经很多，过分下跌对狼也不利，因此狼就要让股票横向发展，或者小幅下跌。

（3）在横向发展的时候，"狼"仍然在默默买入，为了买入低廉的价格，狼故意在上面拦住，每当价格上升到一定位置，狼就压下来，而到了一定低位置，狼又接住，不让其继续下跌，长时间消磨被"网"在其中的鱼儿，直到鱼儿们忍无可忍，多数离开；如果再不离开，"狼"也可能会突然打压股票，让股票再次小幅下跌，彻底赶走里面的"鱼儿"。"网"一漏，想卖的人几乎全卖光，而"狼"则全部买入。简单操作，以逸待劳，就收到了"一网打尽"的效果。这就是K线图上直线底或者圆弧形底形成的原因。

（4）在别人极端不耐烦或者恐惧的时候，却是"狼"最高兴的时候。买到了最便宜的筹码，再自买自卖（因为，这时候还没卖出的货已经很少了，"狼"手里的货又不乐意卖给别人。此时的成交量，多是"狼"自买自卖，刻意拉高进行交易，制造成交量活跃的现象）让价格升高，突破盘整区域向上拓展。懂得技术分析的人，看到此图，就如同看到了金灿灿的黄金浮出"河床"，肯定会立刻跟进买入，一起抬高股票。"狼"乐得在上面坐轿子。

（5）如果在这时候又来个高送转，不费工夫又拿到很多便宜货，那真是锦上添花、快乐成仙了。

（6）从季线图中我们能看到，MA 季平均线斜着向上发展，代表"狼"吃够了，开始上拉，离开其平均成本区，开始要"盈利"了。

3. 实战案例

● 光华控股（000546）季线图（见图 6-1）

（1）我们看光华控股（000546）在 2006 年 3 月 24 日到 12 月 29 日的四个季度期间，股票价格没有什么大的波动，几乎呈横向发展。

（2）在股票向上突破区间压力后，高歌猛进，让跟进的人真正痛快地赚了一把。

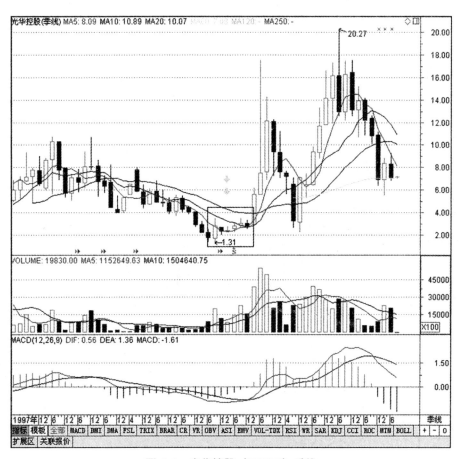

图6-1　光华控股（000546）季线

● 类似的例子（见图6-2~图6-4）

青海明胶（000606）、名流置业（000667）、东北制药（000597），聪明的读者可以找到很多这样的股票。

图 6-2　青海明胶（000606）季线

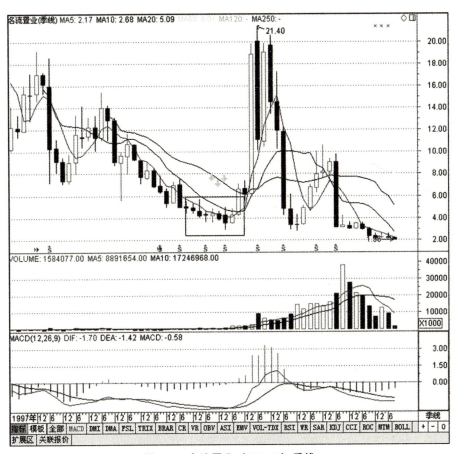

图6-3 名流置业（000667）季线

图6-4　东北制药（000597）季线

寻宝图六　读者反馈操作实例

● 北方稀土（600111）日线图（见图6-5）

读者（2017年7月25日）：李老师，北方稀土（600111）这只股票，根据《聪明羊点金术》中绵延横亘的金河床的方法，2017年7月7日出现大阳线蜡烛，而且放出巨量黄金柱，后面就买了进去，现在震荡得厉害。虽然赚钱了，可心里还是不踏实。请教您如何分析这里的震荡？后面该怎么操作？谢谢。

图6-5　北方稀土（600111）日线

答：你发现了绵延横亘的金河床，首先恭喜。在放出巨量阳蜡烛后面跟进，也是明智的，因为绵延什么时候突破，我们很难判断，所以见到兔子才撒鹰也是明智的。关于这只股票，我的分析如下，仅供参考：

（1）绵延横亘的金河床，实际应该是底部，因为长期横盘，散户的耐心会被消耗殆尽，该卖出的大多数应该已卖出了。这时候出现的放量阳蜡烛，应该是庄家大量买入。因为底部没有那么多的量可买，在底部出现后，庄家主动出击，向上买，在底部不远的地方，一是可以买比底部更多的量（一天来说），二是这样可以引起大家的注意，吸引跟风，让外人帮助拉车抬轿。

（2）底部出现后，庄家既然一天买进巨量，后面应该是继续买，边买边拉升，但又不能一气呵成，要边打边拉，走两步退两步，所以就会出现震荡。

（3）由于庄家已经买完巨量，后退只能很浅，一般都停留在 5 日或者 10 日平均线上。如图 6-6 所示。

（4）长期横盘导致平均线缠绕粘连，7 月 7 日这根放量阳蜡烛好像信号弹升空，一举把平均线冲开到半空中，形成发散状，就好像地平线上升起了几道彩虹。

（5）刚刚离开地平线出现的震荡，应该是庄家边买边拉升，远远不到出货的时候，所以你尽管拿好了，后面应该有个不打压的过程，也就是庄家希望外界市场放心跟进、帮助抬轿的过程。

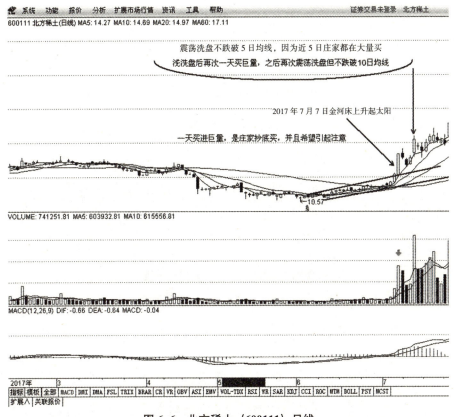

图 6-6　北方稀土（600111）日线

（6）什么时候离场？我觉得你观察有效跌破 10 日均线的时候。因为庄家集中买入，短期内荷枪实弹，集中资金优势，速战速决可能是它的打法。如图 6-7 所示。

（7）对于这个方法，我把它总结为一首打油诗，供参考：

放量阳凸显金河床，彩虹初现浅震荡，震荡有量庄大买，匍匐跃战壕勇猛上。关于匍匐这个词，我的另一本书《期货点金术》中也有描述，为了更加了解庄家这样做的意义，你可以参考那本书。

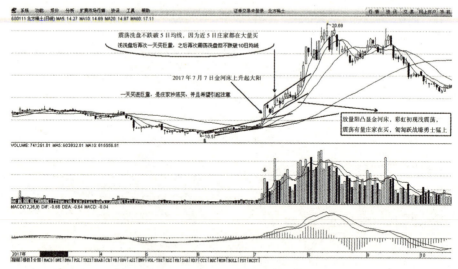

图 6-7　北方稀土（600111）日线

● 万科 A（000002）周线图（见图 6-8）

读者（2016 年 7 月 20 日）：李老师，万科 A（000002）这只
股票，根据《聪明羊点金术》中绵延横亘的金河床的方法，2015
年 12 月 4 日这一周出现大阳线蜡烛，而且放出巨量黄金柱，我
就买了进去，赚了没走，结果停牌了。复牌后股价下跌，现在反
而套牢了。我买入价格在 20 元左右。现在该怎么办？请教您是
如何分析的？谢谢。

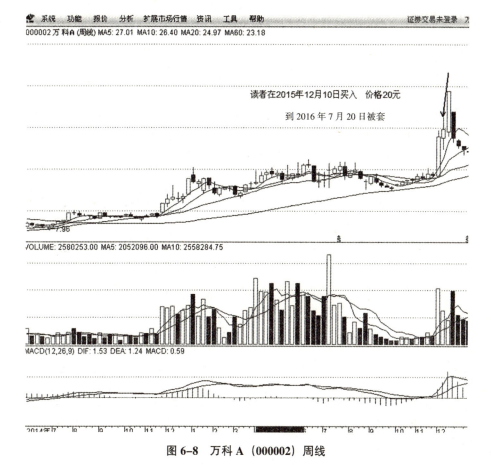

读者在2015年12月10日买入　价格20元

到 2016 年 7 月 20 日被套

系统　功能　报价　分析　扩展市场行情　资讯　工具　帮助　　　　证券交易未登录　万

000002万科A (周线) MA5: 27.01 MA10: 26.40 MA20: 24.97 MA60: 23.18

VOLUME: 2580253.00 MA5: 2052096.00 MA10: 2558284.75

MACD(12,26,9) DIF: 1.53 DEA: 1.24 MACD: 0.59

图 6-8　万科 A（000002）周线

　　答：这只股票，要从季线上看的话，更加容易看出脉络。如图 6-9 所示。我的分析如下，供参考：

　　（1）股票从高位下跌近九成以后，庄家买入股票。图 6-9 中圆圈部位应该是庄家买入的巨量。

　　（2）买入后，为了掩人耳目，人为打压到前期低位附近，再次买入。图 6-9 中箭头处的斜坡，应该是庄家再次买入，但量不如前面大。

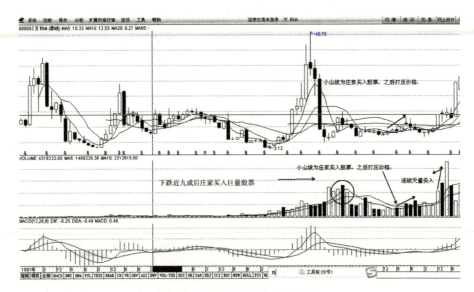

图 6-9　万科 A（000002）季线

（3）为了再次掩人耳目，又再次打压，不低于前面底部，又再次买入。注意，这次是连续三个季度天量买入。超过前面两次买入后打压形成的山顶。可以说是解放了在这两个山顶被套牢的筹码。

（4）从 2009 年到 2015 年底，这个时间都是庄家买入，历时 6 年多。你认为庄家的目标应该是多少？

（5）我分析来看，如果把第一次打压形成的山顶 12.73 元到底部的 4.8 元区间计算，中间的价格差应该是 7.93 元左右，如果把这看作第一浪，把 6.52 元的低位当成第二浪起点，那么未来的 5 浪价格，理论上来讲，应该至少是 7.93×1.618+12.73=25.56 元。

（6）看图 6-10，从月线图上看，圆圈里面的天量属于前期面的套牢盘，是庄家买入。这个目标位至少是这个山顶的价格 16

元左右的双倍，32元左右。

（7）天量调整后出现的第一根放量阳蜡烛，应该是庄家买入，因为距离成本区很近，不应该是卖出，而应该是买入。你买入的时机应该是不会错的。

（8）平均分析一下成本，我觉得你被套牢的这次调整，应该不会很深，应该在圆圈价格和2015年12月的放量阳价格的中枢位置，或者说在5月平均线的位置。

（9）图6-10是后续走势和黄金分割图。

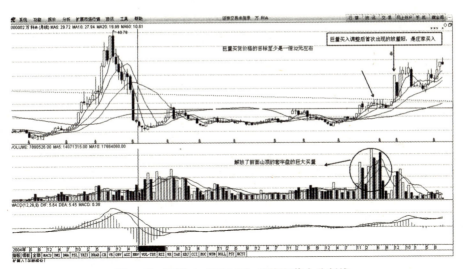

图6-10　万科A（000002）月线和黄金分割线

寻宝图七

向上的"双乳山"（两次假"撤退"）

1. 智慧种子

会看，看门道，不会看，看热闹。在 K 线图上，一浪高过一浪，或者一浪低过一浪，告诉我们什么是玄机？什么"风"掀起了这些浪？大浪、小浪，或平静、或喷发，告诉我们什么信息？顺藤摸瓜，顺瓜找根。透过现象看本质，万变不离其宗。南瓜地里，有的"瓜"是明显裸露在外面的，容易发现，"根"则要我们细心寻找。找到了根，就可以找到另外的瓜。

在 K 线图上，用肉眼容易发现的"瓜"，其实就是：山谷，山顶，巨大的单独量柱，绵延横亘的河床，两次假"撤退"等。这些狼的脚印，其实已经出卖了它。这里，我们详细解说"两次假撤退"，在图上表现的就是倾斜向上的右"乳"高过左"乳"的

"双乳"山。

2. "两次假撤退"逻辑

（1）兵不厌诈，在战场上，敌我双方总是要摆许多的龙门阵，许多的障眼法，目的是把水搅浑，从而浑水摸鱼，战胜对方。股票市场上，"狼"为了盈利，也一定要设立各种各样的"局"，让人一时摸不着头脑。

（2）虽然我们不能看透"狼"所有的牌，还要时刻与它斗智斗勇，但只要我们掌握其中一种技法，并且烂熟于心，重复使用，那么在这个充满风险的市场上，我们也能分一杯羹，生存并壮大。就像自然界里面的任何一种生物一样，总是有它独特的本领，足以让它生存。

（3）任何事物要变动，必然有外力作用。股票价格的变动，也必然出自人的刻意行为。当我们看到股票价格上升到一定高度，然后下跌，形成一个山顶，应该知道，这个山顶的形成是人为的。其上升和下跌是有目的的。

（4）如果在下跌的过程中，"狼"全部卖出了筹码，那么超越这个山顶对他来说就没有什么好处了。那么他为什么还要拉高价格超越这个山顶呢？答案只能是一个：那就是"狼"刚才对股票的"下拉"只是个假象，是虚晃一枪，是假撤退。原因可以理解为：股票在低位的时候，"狼"大量竞买，收集筹码，客观上造成了价格上升，但同时也混入了其他投资者。为了赶走他们，

"狼"会少量竞卖，制造下跌，待吓走跟随者后，就会让价格停止下跌，并重新竞买，让价格再次上升。

（5）成交量上面，如果在上升的时候放大量，而下跌的时候却没有量，并且在量极度萎缩的时候，停止下跌并转而上升，那么我们就可以理解为，下跌是假的撤退，获利者的筹码并没有全部卖出；极度萎缩的成交量出现的时候，表示的是没有人再主动卖出了，也就是说，其他外来追随者基本都卖出了，或者说，不坚定的追随者都走了，剩下的赶不走，也只能留着了。这时候，"狼"才出手再次竞买，价格才又重新上升。想象一下，没有人为的目的，止跌起升，又怎么可能呢？

（6）赶走了一批追随者，并且又可以在低廉的价位买入更多的筹码，"狼"重新买的结果，再次造成了价格上升，并且超过了前面的山顶。为了赶走新一批的跟风者，"狼"又故技重施，再次假撤退，小量卖出，再一次制造下跌。

（7）在量极度萎缩的时候，新的追随者又被清理光了。这时候的止跌起升，再一次体现了"狼"的用心。用心观察，停止下跌的位置，往往都是某一平均线位置，说明了"狼"控制下跌的幅度，绝对不能低于其平均成本，否则其大量的筹码，此时不是太不值钱了吗？亏本的生意，他是不可能做的。

（8）两次假撤退，甩掉了尾巴，并且筹码的价格都在平均成本上方，说明他需要的筹码已经足够了，这时候，让价格上升超过前面的山顶，制造出"一山顶高过一山顶"的经典上升趋势，让"懂得"技术分析的趋势型投资者"看好"这只股票，一起来买入，"众人"一起拉车，而"狼"则坐享轿子，借众人之力抬高股票，收到了以小博大、以逸待劳的效果。真是：有福之人不用忙，无福之人跑断肠啊。

（9）两次假装"撤退"，每次停止下跌的位置，都要高出前面止跌的位置，并且是成交量萎缩，某平均线也"巧合"在这里支撑。

（10）超过第二个山顶后，买入，一般赚 20%~30%没问题，但不要太贪心。

3.　实战案例

● 凌钢股份（600231）周线图（见图 7-1）

（1）我们看凌钢股份（600231）的周线图上，2008 年 11~12 月有个上升山顶，接着回落，又出现第二个山顶，每次回落的位置都高出前面的山谷，并且到 2009 年 3 月回落停止下跌的位置刚好落在平均线 MA/20 周上方。

（2）在超越第二个山顶时买入的投资者，一定很开心。

图 7-1　凌钢股份（600231）周线

● 类似的例子（见图 7-2~图 7-4）

大连友谊（000679）、江西水泥（000789）、中粮地产（000031），读者可以找到很多这样的股票。

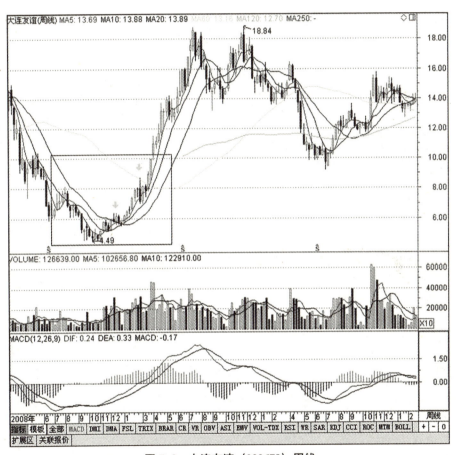

图 7-2　大连友谊（000679）周线

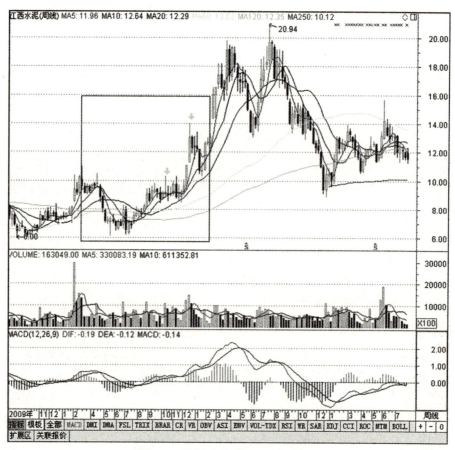

图 7-3　江西水泥（000789）周线

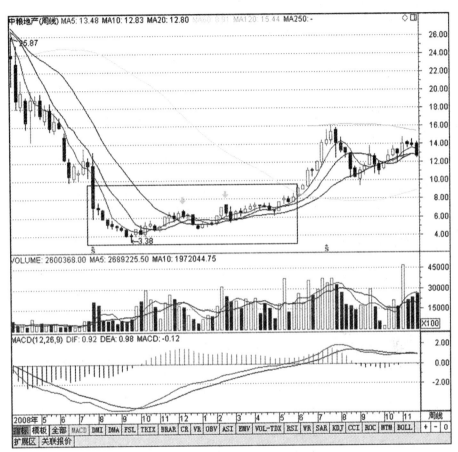

图 7-4 中粮地产（000031）周线

寻宝图七 **读者反馈操作实例**

● 苏宁云商（002024）月线图（见图 7-5）

读者（2017 年 8 月 21 日）：李老师，苏宁云商（002024）这只股票，根据《聪明羊点金术》两次假撤退的方法，今天我买进去了，结果当天就收阴了。您看怎么办，后面该怎么操作？谢谢。

答：前几天和童年伙伴聊天，他说草原上的河水，冬季有的地方有很多鱼，凿开冰层就会有鱼跳上来。有的地方则不行。也

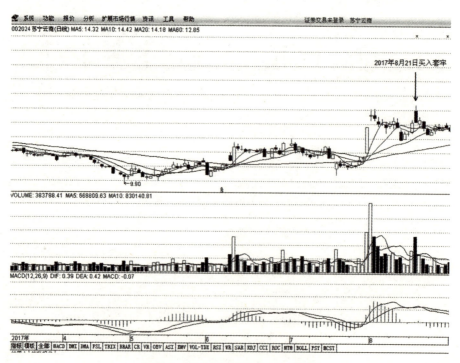

图 7-5　苏宁云商（002024）日线

许是地势低的原因，鱼群会聚集在那里。我把鱼群多的地方叫作鱼窝处。

庄家在何处开始买，买巨量或者天量，应该就在鱼窝处。也就是说，有很多鱼的地方，也就是有许多愿意卖出的地方。否则他想买也买不到那么多。

（1）如图7-6所示，从成交量上看。2017年6月12日出现巨量成交，最低价格为10.61元。这里应该是鱼窝。

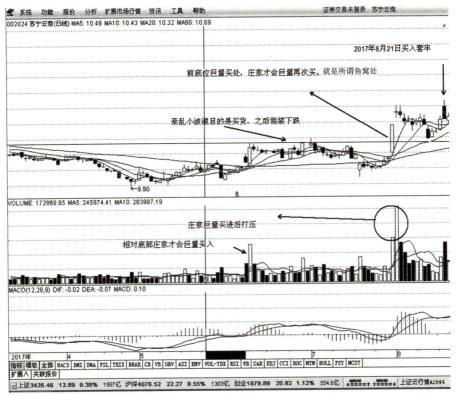

图7-6　苏宁云商（002024）日线

（2）之后是紊乱小阴小阳，应该还是庄家买货，因为这样消耗时间磨出来的筹码，应该是散户抛出，庄家买入。这里悄悄买入的应该是很多的，可以说这是庄家的筹码集中处。一日放出巨量的地方，应该是散户鱼窝处，是庄家一天买入最多的地方。但要说庄家买入量平均最多的地方，应该是"平顶山"区域。

（3）时间消磨，再加上打压，又回到前低位鱼窝处。再次出现巨量和天量买入。最低价格 11 元。2017 年 7 月 31 日和 8 月 1 日，这两天可谓是庄家冒出头了。为什么又是这样集中两天如此急促买？可能是担心，出手慢则无，或者说，这里是绝对底部，鱼窝处，伸手慢，就会被别人抢光了。

（4）但为了掩人耳目，或者说不让跟风者立刻跟风，庄家还要打压价格，造成恐慌。

（5）8 月 21 日的跳空高开回落，收出阴线，应该是庄家买入后再次打压造成的。但你想想，庄家赚到钱了吗？没有，那么接下来它还是要把价格拉高上去。

（6）你又问那打压多深、多久才会上去？

（7）这问题问得好。首先，多深？前面巨量买进的地方，应该是量的底部，否则，它不会买那么多，更不可能在 7 月 31 日和 8 月 1 日更加天量地买。可见，鱼窝处就是市场底部，不会下探更深。而庄家悄悄集中买货的"平顶山"，更应该是庄家的底部。把庄家买入区域大致一平均，我认为止跌大致在这长方形区间的一半左右。如图 7-7 所示。

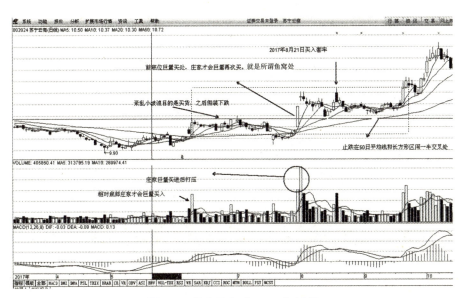

图 7-7　苏宁云商（002024）日线

（8）空间范围锁定了，再分析时间，要用到平均线的概念。从 6 月 12 日到 8 月 1 日，将近两个月的时间，庄家是在净买入的。可以这么说，在庄家拉起之前，庄家都是在净买入的。所以，我们看 60 日平均线的位置，差不多就是再次拉起的位置。

（9）两次假撤退都是在洗盘，越过你买入的山顶，应该就是拉高过成本区，短线平均线翘起的时候了，你要拿住。至于目标吗，我建议你赚了 10% 后，用利润再赚吧。

● 格力电器（000651）周线图（见图 7-8）

读者（2017 年 4 月 14 日）：李老师，格力电器这只股票，根据《聪明羊点金术》两次假撤退的方法，今天我买进了，这是我第一次用这个方法买股票，心里有些不踏实，请教您如何分析这

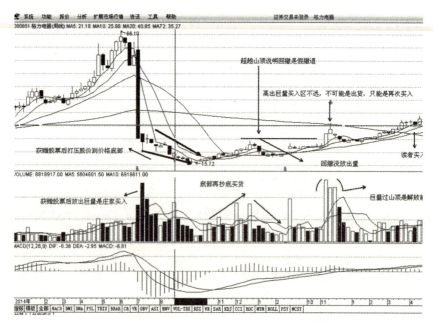

图7-8　格力电器（000651）周线

只股票，后面该怎么操作？谢谢。

答：成功都是由实验到成熟的过程。理性地分析判断，是金融投资成功的前提。我觉得你这只股票挑选得不错，主要根据我下面的分析：

（1）从图7-8看，有一个高送转，之后有个巨量，这里应该是庄家买入。因为没必要获赠后没赚钱就卖出，要卖也没必要获赠股票。所以，这里的巨量应该是庄家买入。

（2）之后下跌可以理解为获赠股票后刻意打压到底部。

（3）在底部出现的一波上涨，我理解为庄家抄底再次买入。因为庄家制造的底部出现了，它一定会抄底再次买入。

（4）之后缩量下跌，我还是理解为庄家刻意打压，目的是再次买入底部廉价筹码。

（5）放量再次拉升，并且过前面山顶，是庄家解放山顶的套牢盘，而且是天量。应该解释为庄家再次巨量买入。

（6）为什么这样说呢，因为天量过前面山顶，说明前面山顶是假撤退。或者说，前面山顶一带买入的巨量都开始赚钱了。而这一带天量买入量是庄家买的。

（7）但这里离开巨量买入的价格区间太小，庄家还没怎么赚钱，是不可能在这里出货的。

（8）前面说过，在哪里放出天量，不是庄家任性而为。他也必须找到鱼最多的地方，也就是鱼窝的地方。在庄家正式拉升之前，他必须要买很多筹码。天量的出现，可以说，暴露了他自己。

（9）正常时候，庄家是不喜欢暴露的。他暴露了，要么说明他不得不暴露，要么说明他不害怕暴露。为了吃到廉价筹码，他也顾不得那么多了。或者说，他也不害怕被发现了，或者说，他乐意被发现了。

（10）上面分析至少得出一个结论，就是庄家吃了很多筹码，或者天量筹码，已经是身怀六甲了。

（11）这时候他的动向，就是要拉升，同时吸引人拉升。

（12）庄家只有在吃够才拉升，怎样推测他吃够了呢？

（13）去除其他办法，我用一个反推法，那就是他不再打压了，护犊子了，可以证明他吃够了。因为再继续打压下去，那可是他自己的孩子。

（14）有一点现在还可以确定，就是底部和庄家新买入的巨量成交区。这个区间是庄家买入的最新成本区，庄家如果还没吃够，还要继续打压，应该不会低于底部，和这个区间同时买入的平均成本线就是平均线。

（15）所以，我们留意庄家买入的时间，从 2015 年 7 月 10 日到 2016 年 12 月 16 日这个区间，一年半的时间，也就是 72 周的时间。

（16）从图 7-8 看到，放出天量的那周，最高价格被 72 周平均线压制，股价回落。

（17）说明天量的卖出量是过去 72 周被套牢的量，庄家买入了。也可以说，这 72 周的平均成本变成了庄家的成本，庄家把别人的孩子变成了自家的孩子。

（18）那么他就要呵护了。所以我们看到，天量过后浅浅的回撤，并且缩量。

（19）注意，浅浅地回落到 20 周平均线的位置，是巧合吗、偶然吗？不是，是必然，因为过去往前推 20 周，也就是到 2016 年 1 月 29 日，巨量的成交都是庄家买入！

（20）分析到这里，我认为这只股票未来空间应该很大。我建议你赚到 10% 后，本金抽出，让利润奔跑吧。具体目标我就不预测了。

寻宝图八

两条矿脉（巧用平均线逻辑）

1. 智慧种子

一只股票，一买就涨，一辆车，一上去，就开车，真好啊。提前上车，苦等也不开车；或者搭最后一班车，刚上去，车就掉转方向；或者搭错了相反方向的车。那么，有没有相当于温度计的东西，让我们给股票的价格量量体温？或者，有指南针一类的东西，让我们一目了然地看出股票当时的方向？可不可以让我们在车刚开动的时候，就能跳上车，顺利坐一段，而不必担心车立刻就会转头反向行驶？要解决上面的问题，我们就要看看平均线的逻辑。

2. 平均线的概念以及逻辑

（1）短期平均线/快速平均线：以当前为标准，向过去推，时间短的，叫短期平均线，因为它跟当前贴得近，更能反映当前的情况（比如，一天的平均线比两天的平均线更能反映今天的情况，而两天的平均线也比三天的平均线更能反映当前的情况），也叫快速平均线。

（2）长期平均线/慢速平均线：以当前为标准，向过去推，时间长的，叫长期平均线，因为对当前的情况反应不灵敏，也叫慢速平均线。

（3）短期平均线/快速平均线对比长期平均线/慢速平均线更能反映当前的情况，或者当前的局面。比如：不小心割破了手，伤口在最开始的一天很痛，人们往往很沮丧；可是，如果回想起两年，自己都平平安安的，就只有这一天伤痛，痛苦的程度，因为放在稍微长点的时间里感觉，心里就会觉得减轻，这就是时间的魔力。

（4）要看当前的股票价格方向吗？只要在 K 线图上，站在当前的位置，画出一根竖线，和短期平均线以及长期平均线交叉，两个交叉点的价格，如果前高后低，说明当前平均价格方向是上升的；如果前低后高，则说明当前平均价格方向是下降的；如果两个交叉点重合，价格相等，也就是两条快慢平均线出现交叉则说明，快的慢了，慢的快了，原来的局面要扭转，情况要有变化。直到重新恢复成快的快、慢的慢，一轮新的方向终于又形成了。

（5）两条快慢平均线出现交叉的时候，是局面要扭转的时候。如果原来的是下降趋势，意味着要转为上升趋势；如果原来的是上升趋势，意味着要转为下降趋势。平均线的金叉，表示要转为上升；平均线的死叉，表示要转为下降。

（6）"小荷才露尖尖角"，在快慢平均线交叉，快线刚刚上翘离开慢线的时候，是车要启动的时候，也就是股票要从跌转升的时候，这时候上车，可以节约等待的时间，虽然不是买在最便宜的时候，却也不是买在最危险的时候，可以放心地睡觉了，顺利地坐个"顺风"车。在快线远离慢线很多，也就是升得很快、众人一片欢呼的时候，要注意：危险的时候要来了，先溜走为上策。在别人疯狂的时候，要保持冷静清醒，及早全身而退，去寻找下一辆"幸福车"吧。

3. 实战案例一

● 云南白药（000538）季线图（见图8-1）

（1）我们来看云南白药（000538）在2009年6月30日的季线，MA5季线和MA10季线出现了交叉，接着慢慢地快线离开慢线向上走，这是股票将要上升的特征。在这里上车，可以顺利地坐一段上升车。

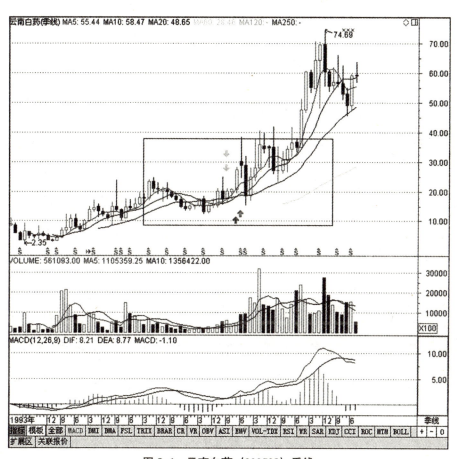

图 8-1　云南白药（000538）季线

（2）正确的开始，是成功的一半，但是，何时下车却应该灵活机动，不一定要走到车的终点。因为，何处为终点，只有"狼"知道，或者神仙知道，我们凡人也只能是后来才知道。因为平均线走得慢，在这里上车，是车已经在路上了，离开起点已经有一段距离了，因此，不能太贪心，不能大意失荆州，见好就收，随时开溜，及时落袋为安，才是明智之举。一般来说，在入场价格的基础上，加上 20%~30% 的股价，是比较安全的目标。

4. 实战案例二

● 紫光古汉（000590）季线图（见图 8-2）

（1）我们看紫光古汉（000590）在 2010 年 3 月 31 日的季线，MA5 季线和 MA10 季线出现了交叉，接着快线离开慢线向上走，这是股票将要上升的特征。在这里上车，可以顺利地坐一段上升车。

（2）正确的开始，是成功的一半，但是，何时下车，却应该灵活机动，不一定要走到车的终点。因为，何处为终点，只有"狼"知道，或者神仙知道，我们凡人也只能是后来才知道。因为平均线走得慢，在这里上车，是车已经在路上了，离开起点已经有一段距离，因此，不能太贪心，大意失荆州，见好就收，随时开溜，及时落袋为安，才是明智之举。一般来说，在入场价格的基础上，加上 20%~30% 的股价，是比较安全的目标。

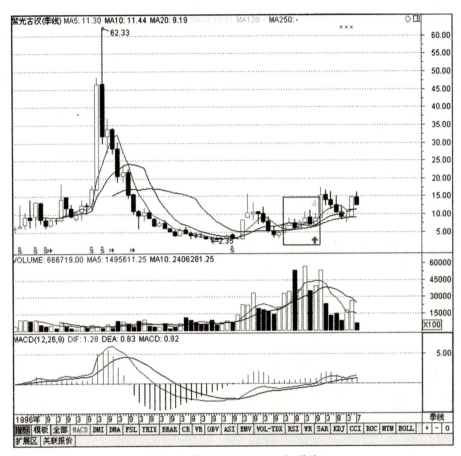

图 8-2 紫光古汉 (000590) 季线

5. 实战案例三

● 青海明胶 （000606） 季线图 （见图 8-3）

（1）我们看青海明胶 （000606） 在 2010 年 6 月 30 日的季线，MA5 季线和 MA10 季线出现了交叉，接着快线离开慢线向上走，这是股票将要上升的特征。在这里上车，可以顺利地坐一段上升车。

（2）正确的开始，是成功的一半，但是，何时下车，却应该灵活机动，不一定要走到车的终点。因为，何处为终点，只有"狼"知道，或者神仙知道，我们凡人也只能是后来才知道。因为平均线走得慢，在这里上车，是车已经在路上了，离开起点已经有一段距离，因此，不能太贪心，大意失荆州，见好就收，随时开溜，及时落袋为安，才是明智之举。一般来说，在入场价格的基础上，加上 20%~30%的股价，是比较安全的目标。

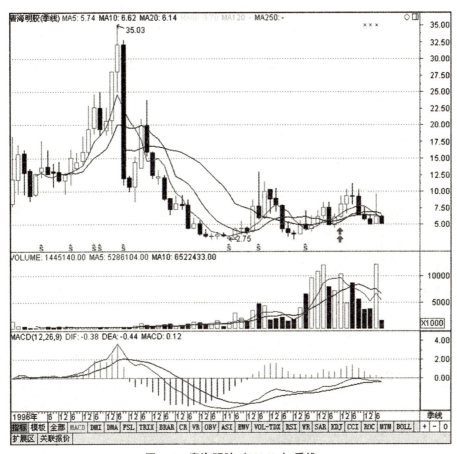

图 8-3 青海明胶（000606）季线

● 类似的例子（见图 8-4~图 8-6）

国光电器（002045）、张裕 A（000869）、万向钱潮（000559），聪明的读者可以找到很多这样的股票。

图 8-4　国光电器（002045）季线

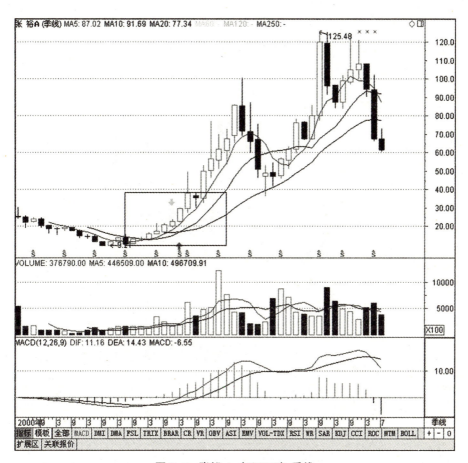

图 8-5 张裕 A（000869）季线

图8-6 万向钱潮（000559）季线

寻宝图八　读者反馈操作实例

● 中国神华（601088）日线图（见图 8-7）

读者（2017 年 3 月 2 日）：李老师，中国神华这只股票，根据《聪明羊点金术》中两条矿脉的方法，2016 年 10 月我买进去了，想留着做长线。现在小赚，但是我还是有些模糊，请教您怎么分析这只股票？谢谢。

图 8-7　中国神华（601088）日线

答：利用平均线的方法操作股票，要了解下面几点：

（1）要以长期平均线为着眼点，因为庄家的成本是长期收集筹码后才出现的，体现的是时间长和筹码量大以及集中。一般来说，要看月线图和季线图。

（2）从图8-8可以看出，2016年6月到9月4个月，两条平均线也就是5月和10月平均线出现黏合并小小地张开嘴巴。

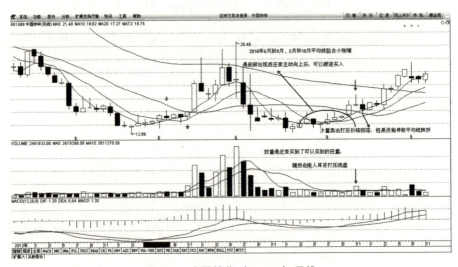

图8-8　中国神华（601088）月线

（3）平均线的黏合意味着短期间和长期间的平均价格相等。时间在增加，但价格不变，可以说价格变化为零（粗略说），相当于人的心电图，呈现一条线的时候，说明是没有生命气息了。

（4）当时间在增加，而股票价格不变，或者说变化很小，相当于零的时候，这只股票可以说进入了毫无生气的阶段，或者说死气沉沉的状态。

（5）我们知道，股票要成交，必须有卖有买，首先必须是有卖。没有卖，再高的价钱也买不到，不是吗？所以，当股票进入死气沉沉的状态的时候，应该是没有卖导致的。什么时候没有卖？那就是价格非常低廉的时候，绝大多数要卖的早卖了，极少数没卖的因为太便宜或者说亏太多，死活也不卖了。可以说，在股票下跌末期，没有人再主动或者被动卖出的时候，就是底部出现的时候。也就是说，当短期和长期平均线黏合的时候，就是底部出现的时候。

（6）3个月的黏合，可以说就是底部阶段。底部谁会主动向上买，而谁会被动卖出？当然是庄家主动向上买，而散户被动成交。所以，当短期平均线向上和长期平均线交叉的时候，书本上叫作金叉，因为这是底部出现后庄家向上主动买筹码形成的，这里可以跟进庄家进场买入。

（7）庄家一路向上买，总有买够的时候。由于底部可以买到的筹码比较少，庄家真正可以买很多筹码的位置，是距离底部一定高度的。所以，2016年11月30日出现的十字形蜡烛颇有些见顶的意味，这是个带巨量的十字针，可以理解为到这里庄家集中一个月收集到了巨量的筹码。

（8）有些人顾虑，这里是不是顶部？如果是顶部，就是说庄家跑路了，那么庄家会不会在这里跑路呢？

（9）首先看，庄家近期买货的成本价格，应该是短均线和长均线刚刚金叉时，价格15元左右。而2016年11月十字针的最高价格是 18.56 元。上涨了 20% 左右，是庄家出货的目标吗？绝对不可能。

（10）所以，上面说的十字针蜡烛的回落，可以理解为庄家在这里碰到了巨大的鱼窝，在这里才可以买到它想要的巨量筹码。巨量成交也显现了它的身影，为了掩人耳目，接下来就要打压洗盘。

（11）少量的卖出导致价格下跌，由于卖出的平均数量少，根本影响不到平均线，所以我们看到平均线并没有出现转折。相反，由于这里买到了巨量的筹码，庄家自己的孩子肯定要好好爱护，我们看到，这里的回落可以说很浅，呈现横向震荡，意图是用时间消耗散户的耐心，但价格并没有回落多少。

（12）综上所述，我认为你的思路不错，可以在赚到 10% 后，本金抽出，用利润奔跑。

● 中国太保（601601）日线图（见图 8-9）

读者（2017 年 9 月 20 日）：李老师，中国太保（601601）这只股票，根据《聪明羊点金术》中两条矿脉的方法，2017 年 6 月我买进去了，想留着做长线。9 月 14 日我看要突破前高，又加码买进，现在小小被套。但我有些不安，请教您如何分析这只股票？谢谢。

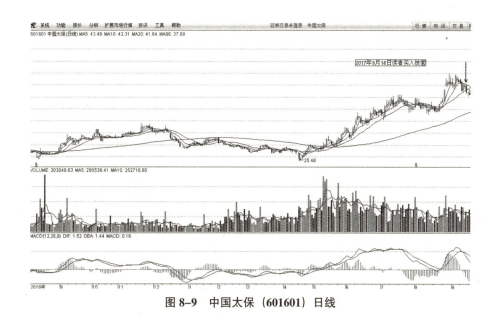

图 8-9　中国太保（601601）日线

答：利用平均线的方法操作股票，要了解下面几点：

（1）要以长期平均线为着眼点，因为庄家的成本是长期收集筹码后才出现的，体现的是时间长、筹码量大和集中。一般来说要看月线图和季线图。

（2）从月线图上看，如图 8-10 所示，我们先看看庄家的身影：

1）图中左边的圆弧区域，是股价从高位下跌近八成后竖起的成交量柱子区，代表庄家抄底买入筹码。时间是 2008 年底到 2010 年底近两年的时间。

2）之后震荡盘跌到 2014 年 11 月，可以理解为庄家洗盘打压，为了再次买到廉价筹码，也为了掩盖踪迹。

3）圆弧区是绝对的底部，原因是价格已经深跌了八成，另外庄家也在此开始向上买入。不是绝对的底部，庄家是不会在此向

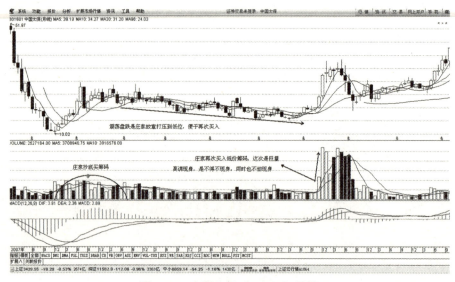

图 8-10　中国太保（601601）月线

上买入的。

4）庄家向上买入后，导致股票价格上升，外界看到上升后不再卖出，所以庄家向上也买不到更多筹码了，为了买入更多的廉价筹码，它会少量卖出打压价格到低位。这样做的目的，同时也把跟风者赶走，让他们抛出筹码。

5）接近前面圆弧区绝对的低位时，由于已经是绝对低位，该卖出的又一次卖出了，庄家再次从这里向上买入。图 8-10 中 2014 年 11 月开始出现巨量，12 月更是出现了天量，并且超过了前面的高点。

6）这个天量是超越前面山顶形成的，代表的意义应该是庄家再次买入天量，是买入了前面山顶形成的巨大套牢盘。

7）从前面山顶 2010 年底到 2014 年底，相隔 4 年，套牢的人经过了 4 年的煎熬，到这时候才回本，必定是许多人要抛出筹码。庄家则趁机大快朵颐，大口吃进。

8）我们知道，天量产生必须具备两个条件，首先是有那么多的卖出量，其次才是有买家主动买进那么多的量。前者是必要条件。必须要有那么多的量要主动卖出，才可能出现天量的成交。所以，我们看到，天量的出现许多都是在超越前面山顶的时候出现，而且是下跌许久后再次到达前面山顶的时候出现的。

9）为什么定义这里的天量，是庄家买入？因为前面的山顶是庄家向上买入筹码造成的，可以说是庄家的筹码区，这里刚刚超越，刚刚脱离成本区，还没有赚到什么钱，庄家此时是不会出货的。

10）为什么天量后又出现下跌？这又是庄家玩出的掩人耳目，或者说声东击西的手法。因为买进天量，可以说，庄家也露出了马脚，或者说也现出原形了。市场上一定注意到了这一点，各种资金会跟风买入。

11）为了掩人耳目，庄家必定再次少量卖出，向下打压造成股价下跌，才会赶走跟风者。

12）庄家为什么选择一个月放出天量买入？这也值得玩味。可以理解为他不怕现形吗？或者说他不得不现形吗？如果他此时不主动买入巨量，也可能被他人抢先买入，从而破坏了他的计划？这可能也是存在的。总之，不管是否愿意，他此刻是现形了。此刻的现形，应该说他也不怕现形，甚至可以推测，他也乐意被市场注意到，从而吸引后面的跟风盘帮助抬轿。因为他已经买够了筹码，需要别人跟着抬轿了。

13）天量买入后，庄家为了赶走跟风盘，同时掩人耳目，还是要洗盘打压。所以我们看到一波下跌。这是庄家刻意的。那么什么位置股价会止跌呢？或者说，庄家会把价格打压到什么位置才会停止打压，并反身拉起呢？

14）先看庄家什么时候抄底买入的，这问题就迎刃而解了。从圆弧区 2008 年底庄家抄底买入，到 2014 年 12 月底，6 年时间都是庄家买入多，卖出少，再到 2016 年 1 月，就是 8 年的时间。可以说，这个时间段的平均价格，应该是庄家的成本区。而这个平均成本价，也必定高于两次庄家抄底的价格，也就是 2008 年底的 10.02 元和 2014 年 3 月底的 13.94 元。

（3）非常巧合的是，从图 8-11 中可以看到，庄家放出天量买入筹码后，洗盘止跌的位置就是在 96 个月，也就是 8 年的平均线附近，和我的推测非常吻合。

（4）2016 年 1 月的最低价是 22 元，刚好落在 96 个月平均线上。可以说，庄家 8 年的平均成本在 22 元附近。那么他的目标至少应该是 44 元。

（5）综上，我认为，你可以继续买入，拿到 44 元再考虑卖出。

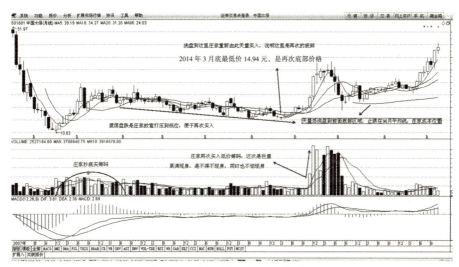

图 8-11　中国太保（601601）月线

寻宝图九

可爱的"长根小红花"或"长根小绿菇"

1. 智慧种子

一棵树，要想枝叶繁茂，必须有强壮的根部。要看一只股票，是否能升得高，一定要有"人"刻意抬高它。但是这"人"在哪里呢？"人"是在暗处的，通常隐身的。我们怎么才能看到"人"的身影呢？那就要从"狼"操作的逻辑分析，看狼扎的"根"在什么地方！

2. "狼"操作的逻辑

（1）在股票价格处于较低位置的时候，大量买入。

（2）不断买入时必然会使得价格抬高，为防止跟风，一定要回马一枪，让股票下跌。

（3）因为狼长期大量买入，一定有一个平均的成本。股票下跌，绝对不能低于其长期成本，否则，就是自己搬石头砸自己的脚，自己亏损。

（4）因此，股票下跌，或者横盘，最低不能低过长期成本。

（5）如果我们发现，股票每次下跌都站到了某平均线上方，拒绝下跌，并且从此扭转向上，这就说明，有"狼"在里面，而且，这就是它的成本，是它的"根"。"狼"很狡猾，但在这里，露出了它的尾巴。

（6）"根"越深，树越壮。"狼"买入后，为彻底赶走跟风人，必须让股票下降，如同让飞机俯冲，完全吓走"同机人"。然后，在其平均成本价附近突然停止下跌，并转身向上。冲得越低，吓走的人越多。"狼"才能在低位置拿到更多便宜的筹码。同时，旧"异己"也几乎全部赶走，在"狼"重新拉高的过程中，又重新有"跟风"的人上车，他们因为是刚上车不久，不会立刻下车（即不会立刻卖出），因此在"狼"拉升离开其成本价格的时候，不会构成抛售的压力。而且，看到赚钱，他们还会加大数量购买，实际上是再次"帮助"了"狼"抬高股价。

（7）"重复"操作。"狼"全身而退以前，每次股票重新升高后，它都要进行这样的洗盘动作，以驱走每次在它重新拉高过程中"追随"的跟风者，让他们下车。然后，在他们基本全部下车后，又重新拉高股票。每次，"狼"让股价"俯冲"的时候，都是小量卖出的，因为如果它大量卖出，筹码被人买走的话，接下来它想重新拉升股票就很难了，而买走的人总会卖出的，这样它就没有了控制这只股票的能力，就会导致它不能完成自己的目标。

（8）小量卖出，大量的筹码仍然在它手上，就必然使得平均的价格水平仍然向上发展，所以，价格虽然下跌，但我们看到，长期平均线仍然向上移动。

（9）每次"俯冲"都赶走一批跟风者，到了某平均线附近，狼就会让股票停止下跌，转而拉升。由于成本价格是"狼"的秘密，具体是哪条平均线，不能一概而论。有人把 MA60 天、MA250 天等看作"狼"的成本线，但实战中，"狼"为了迷惑跟风者，常常故意打穿这些位置，让跟风者忍痛割肉后，又出其不意地重新拉起。兵不厌诈，"狼"深谙其道。

（10）从每次"俯冲"到跟风者基本全跑光，可以看到，成交量极度萎缩，但就在这时候，往往能看到"飞机"又重新飞了起来。别人恐惧的时候狼贪婪，某投资大师讲的话，其实早已经告诉了我们它成功的秘密。

（11）"俯冲"得越低，跟风者跑得越干净，在季线图上，我们看到红色的 K 线蜡烛，红色的尾根越长，代表下探得越低，后来又转身向上。这长尾根红色蜡烛，尾根扎在某条平均线上，并且，这条平均线向上倾斜发展，"狼"的身影和尾巴就此现形，其意图也暴露无遗。

（12）这样的动作，基本上重复两到三次，因为时间长了，"狼"也担心被他人看透，不利于它"功成身退"。双"根"扎在某平均线上，上升的幅度却不高，是铁底，在这附近买入，赚20%~30%应该没问题。

（13）在季线图上，K 线蜡烛经常表现为长根阴线，或者长根阳线，根扎在向上发展的某条平均线上。我们起名叫"长根小红花"，或者"长根小绿菇"。

3.　实战案例一

● 东凌粮油（000893）季线图（见图 9-1）

（1）我们看东凌粮油（000893）在 2008 年 6 月 30 日的季线，K 线蜡烛是红色长针阳线，针扎在 MA20 季平均线上，2008 年 12 月 31 日的季线，也是出现了 K 线红色长针阳线，针也扎在 MA20 季平均线上。双针都扎在 MA20 季平均线上，而且 MA20 季平均线向上倾斜发展，说明了"狼"20 个季度的平均成本在这里，在长达 5 年的时间里，"狼"默默吸筹，隐身藏形，在这里终于开始展露面目了。

（2）长针红蜡烛（我为之起名叫"长针小红花"）出现后，股票价格又上升了近一倍。其特征是：在股票从底部拉起、上升幅度不大的情况下，回撤到某向上发展的平均线位置，出现止跌上升，并且上升幅度不大。根深（实体却不高）代表向下扎深，却没有向上长得很长，这样的"小红花"，一定会带给散户朋友一个大的红包。

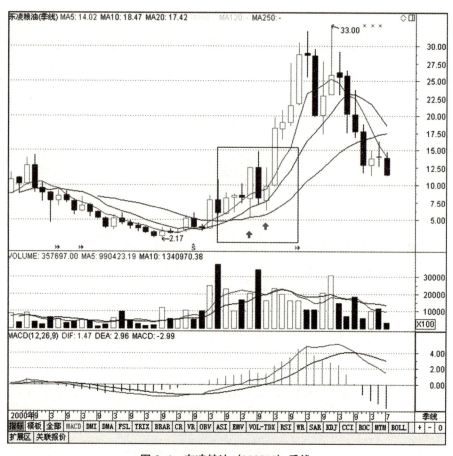

图 9-1　东凌粮油（000893）季线

4.　实战案例二

● 浪潮信息（000977）季线图（见图9-2）

（1）我们看浪潮信息（000977）在2010年9月30日的季线，K线蜡烛是红色长针阳线，针扎在MA10季平均线上，接近2009年12月31日季线的收盘价，说明了从2009年12月31日季线到2010年9月30日季线的上升中，赚钱的"跟风者"到此基本上又没赚钱，从终点又回到了起点，坐了过山车，基本上被赶下车了，"狼"从此又拉起，让股票重新上升。

（2）长针红蜡烛（我为之起名叫"长针小红花"）出现后，股票价格又上升了近一倍。其特征是：在股票从底部拉起、上升幅度不大的情况下，回撤到某向上发展的平均线位置，出现止跌并上升，并且上升幅度不大。根深（实体却不高）代表向下扎深，却没有向上长得很长，这样的"小红花"一定会带给散户朋友一个大的红包。

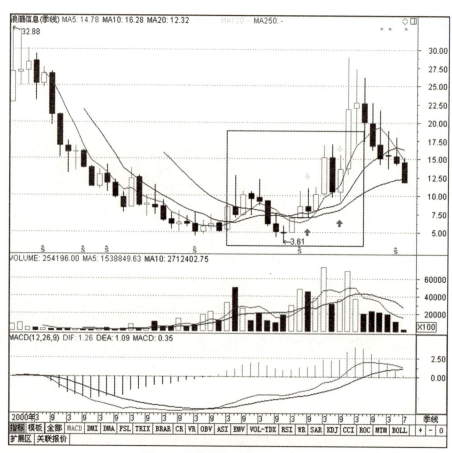

图 9-2　浪潮信息（000977）季线

5.　实战案例三

● 厦门钨业（600549）季线图（见图9-3）

（1）我们看厦门钨业（600549）在2010年3月31日季线，K线蜡烛是绿色长针阴线，针扎在MA10季平均线上，接近2009年9月30日季线的最低价格，从2009年9月30日到2009年12月31日季线上升中，赚钱的"跟风者"到此基本上又没钱赚了，从终点又回到了起点，坐了过山车，基本上被赶下车了，"狼"从此又拉起，让股票重新上升。

（2）长针绿K线（我起名叫"长根小绿菇"）出现后，升了近一倍。其特征是：在股票从底部拉起、上升幅度不大的情况下，回撤到某向上发展的平均线位置，出现止跌并上升，并且上升幅度不大。根深（实体却不高）代表向下扎深，却没有向上长得很长，这样的"长根小绿菇"，一定会带给散户朋友一个大的红包。

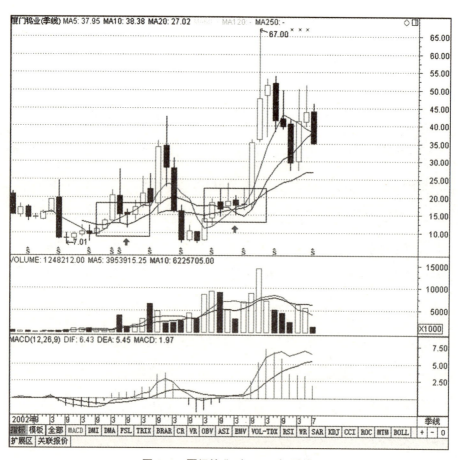

图9-3 厦门钨业（600549）季线

● 类似的例子（见图 9-4~图 9-6）

中关村（000931）、酒鬼酒（000799）、中国联通（600050）等，聪明的读者可以找到很多这样的股票。

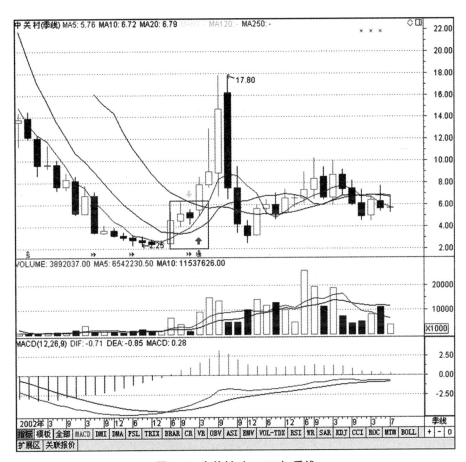

图 9-4　中关村（000931）季线

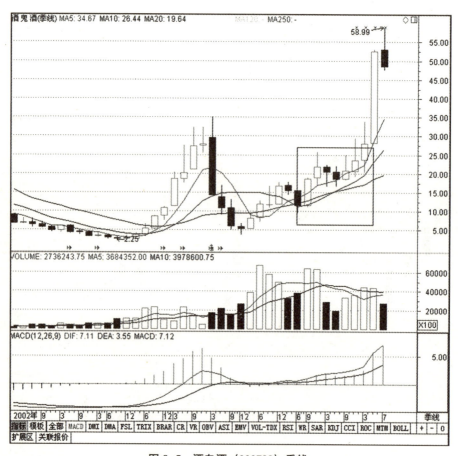

图 9-5　酒鬼酒（000799）季线

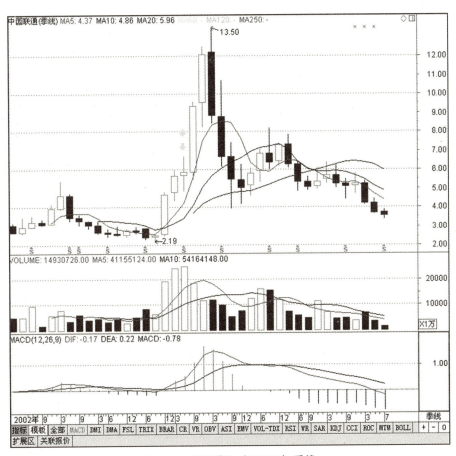

图9-6　中国联通（600050）季线

寻宝图九　读者反馈操作实例

● 酒鬼酒（000799）日线图（见图9-7）

　　读者（2017年7月3日）：李老师，酒鬼酒这只股票，根据《聪明羊点金术》中可爱的小红花的方法，2017年6月收出一根小阳线，今天我买进去了，想留着做长线。现在小亏。但我有些懵懵懂懂，请教您如何分析这只股票？谢谢。

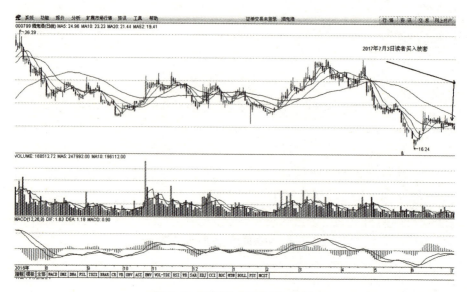

图9-7　酒鬼酒（000799）日线

答：如图 9-8 所示。根据月线图看股票，就不要盯着每天的涨跌了。要从全局分析这只股票。

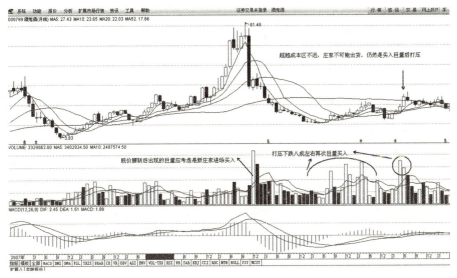

图 9-8 酒鬼酒（000799）月线

（1）从庄家建仓的时间看，2012 年 12 月出现的巨量阳蜡烛应该是新庄家首次买入巨量，因为这里已经是高位下跌五成的位置。这里可以买到的筹码比较多。心理上，散户高位因为贪婪不跑，开始浅跌又不舍得跑，跌到五成左右出逃的筹码比较多。所以新庄家在这里买入巨量，价格不是最便宜，但也相对便宜，最关键是这里可以收集的筹码比较多。

（2）收集到巨量筹码后，庄家少量卖出打压，一直到下跌八成左右，没有人主动卖出了，成交量呈现地量，这时候庄家才真正抄底买入巨量。

（3）图 9-8 中圆弧形区域和圆形区域，都是庄家买入筹码形成的巨量柱。

（4）第二次买入巨量后，价格超越了左边的山顶，放出巨量之后回落，这里有人担心庄家出逃。但因为这里超越前面山顶不多，庄家应该没赚什么，我理解这里的巨量山顶仍然是庄家买入巨量，之后回落打压可以解释为洗盘。

（5）打压洗盘到什么位置会止跌呢？至少不会跌破前面庄家两次买入巨量形成的山谷。如图9-9所示。因为那里是绝对的底部，除了那里是下跌八成的位置，还有那里也是庄家开始巨量买入的位置。如果不是绝对的底部，庄家不会由此巨量买入。

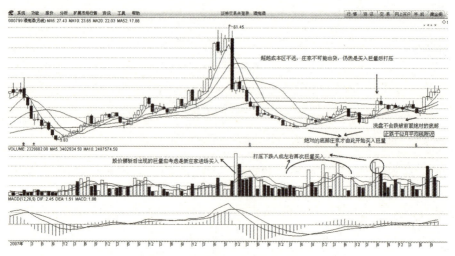

图9-9 酒鬼酒（000799）月线

（6）第二次底部为什么高于第一次底部？因为第一次底部出现后庄家巨量向上买入，买入了市场上可以买到的尽可能多的低位区筹码，多数筹码已经变成了庄家的孩子，他不会舍得让价格低于它买入的前底部，所以庄家第一次抄底买入巨量后，少量卖出打压价格，不会让价格低于它自己巨量的买入价。这就是为什么第二次底部高于第一次底部。通常所说的双底，就是这样形成的。

（7）技术书籍里面讲，双底形成后，价格上升突破颈线的话，目标至少是颈线到底部价格空间的双倍。这样计算，未来的目标至少应该是 21.88-10.37+21.88=33.39 元。显然，第二次底部开始的巨量是庄家买入的巨量，高出了前面山顶放出巨量，因为高出不远，不可能是庄家出货，只能理解为庄家在洗盘。

（8）那么洗盘会到什么位置止跌？至少不会低于前面的二次底，也就是 12.51 元。我觉得你看到的 2017 年 6 月的小红蜡烛，应该是庄家再次启动的标志。

（9）另外，从 2012 年底新庄家首次进场巨量买入，到现在 2017 年 6 月，过去的 4 年半时间，庄家都处在收集筹码阶段，并没有巨量出货，由此推算，庄家 4 年半的平均线，也就是 52 个月的平均线附近，应该是庄家的成本区，洗盘止跌的位置应该在这附近。

（10）综上，我建议你可以多买入，在赚到 10% 以后，本金抽出，让利润奔跑。

（11）再总结一下，当发现第二次底部抬高，高于第一次底部的时候，再次回落到第二次底部附近，可以考虑加码。因为第二次底部抬高，标志着庄家在第一次底部进场抄底买货，因为筹码的性质已经改姓为庄，庄家珍惜筹码，不舍得让股票的价格跌破他的进货价。也就是应了一句俗语：谁的孩子谁爱惜。

● 贵州茅台（600519）周线图（见图9-10）

读者（2016年8月26日）：李老师，贵州茅台这只股票，根据《聪明羊点金术》中可爱的小红花方法，我发现2015年8月到2016年1月，价格止跌于44季度线附近并从那里拉起，超越前面山顶，于是我今天就跟着进去，买入价格在302元。现在有些浅套，请问您如何分析这只股票？下面如何操作？谢谢。

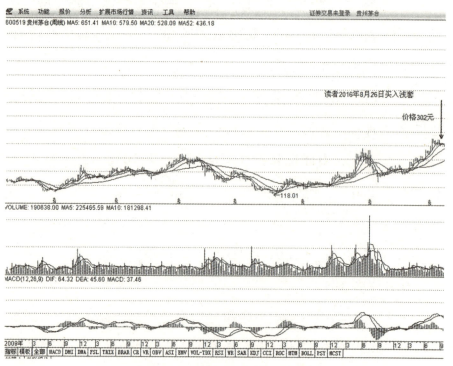

图9-10　贵州茅台（600519）周线

答：全面观察这只股票，我们需要从长周期上面分析：

（1）如图 9-11 所示，从 2004 年第一季度开始，庄家在长期地量绝对底部出现后抄底买入，缩量下跌到 20 季度平均线止跌，说明前面 20 季度平均大部分筹码归庄家买入，否则不会止跌于 20 季度平均线。

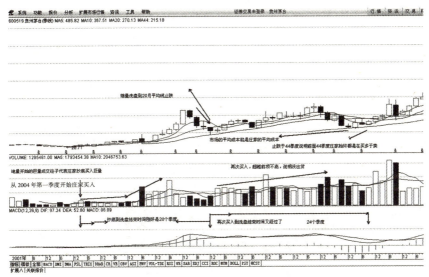

图 9-11 贵州茅台（600519）季线

（2）从 20 季度平均线开始，向上的一波超越前面山顶不多，说明庄家没有出货，下跌到 44 季度平均线止跌，说明从抄底到现在共 44 季度期间，庄家一直是买多卖少，市场的平均价已经是庄家的成本价格，否则不会洗盘到此止跌。

（3）44 季度相当于 10 多年的时间，庄家一直在悄悄地买入。你买入的价格在 302 元，如果按照庄家的平均成本在 44 季度平均线位置 140 元计算，庄家出货目标至少是 280 元。

（4）但由于止跌位置是庄家的生命线，从这里开始的巨量成交柱子，应该还属于庄家巨量买入。如图 9-12 所示，图中的三个圆圈处是刚刚离开庄家成本区，属于庄家巨量买入。因为拉升前的巨量不可能是出货。超越前山顶一点点，出现巨量，不可能是出货，因为庄家 2010 年悄悄买入的筹码，不可能没怎么赚钱就出货。

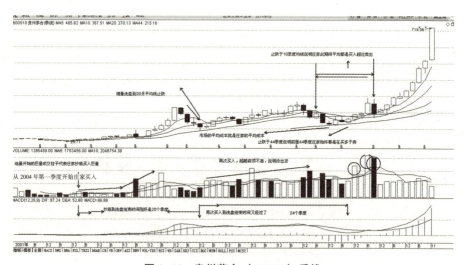

图 9-12　贵州茅台（600519）季线

（5）圆圈图中的巨量阴线，应该是假阴线，实际为庄家在正式拉升前洗盘，不可能是出货。这一点从阴线止跌于 10 季度均线可以看出。止跌于 10 季度均线，这里的价格是 166.20 元，止跌于 2016 年 3 月底的价格为 195.51 元，也应该看出庄家一直在买入，并没有卖出，195.51 元就是他最近 20 季度的平均成本。按照双倍计算，它的目标至少应该是 400 元左右。

（6）从季线图上看，平均线已经呈现多头分散排列，说明庄家建仓早已经完毕，完全控制了局面，价格拉升到何时我们不能主观臆断。到 400 元左右，我觉得你可以把本金全出，利润出一半，剩下的利润再继续盈利。茅台可是国酒，未来的价格未知，就让你的一半利润继续利滚利吧。祝你好运。

（7）补充说明，到 2015 年 6 月 30 日这个季度，这只股票成交量可以说是天量。按照天量后面有天价的说法，后面价格应该很惊人。放出天量，一是说明庄家敢于现形，相当于号召外界注意他，从而跟随他，可以说是庄家进攻的号角。由此说明，此前的隐身、低调，现在都不需要了，现在是彰显他高调的时候了。二是说明庄家为了避免外界争抢筹码，不惜现身争夺筹码，不惜暴露身份，也说明了庄家是不得已而为之。

（8）总之，庄家此时高调现身，应该不会洗盘了，应该是全力呵护筹码了，应该是一鼓作气向上拉起价格的时候了。我觉得你可以多买一些。

学习笔记